プロ野球「情念の天敵対決」

別冊宝島編集部 編

宝島SUGOI文庫

宝島社

プロ野球

「情念の天敵対決」

Professional Baseball
Natural enemy
confrontation of pathos

まえがき

後世に語り継がれる天敵と情念の関係

78年、江川卓（元巨人）の入団を巡り、小林繁（元阪神）を巻き込んだこの一連の騒動を、当時のマスコミはこぞって両者を比較し『天敵』とした江川事件。それから7年の月日が流れ、再び日本列島を震撼させる出来事が、85年11月20日のドラフト会議で行われた。目玉の一人である桑田真澄（元パイレーツ）は、前日まで早大進学一本で決めていたのに対し、もう一人の雄、清原和博（元オリックス）の巨人入り希望は現実味を増し、会議前から清原巨人入りが確定事項のようにさえ漂っていた。しかし、当日、巨人は桑田を1位指名。テレビ画面は、清原の大粒の涙の顔を捉えていた。3年間、同じ釜の飯を食べた者同士だからこその怒りは尋常ではなかったはずだ。この『情念』を持って、清原は高卒ルーキーながら西武の4番に座り、西武黄金時代を担っていくことになる。

他にも本書では、突出した存在であったＫＫコンビを軸としたＰＬ学園ナインの人間模様や、江夏豊（元西武）が、「村山さんは長嶋さんと、ロマンティックな気持ちで対戦していた」と語った、天覧試合を中心とした長嶋・村山による因縁の対決、そして若手の台頭が著しいパ・リーグで巻き起こった、ポスト松坂（レッドソックス）を巡る、ダルビッシュ（日本ハム）、涌井（西武）、成瀬（ロッテ）らニュージェネレーション世代のしのぎを削る新たな名勝負数え詩など、幅広く紹介していく。

王、長嶋に代表される往年のスターや、大きな期待を背負いながらも志半ばで敗れ去った選手らが語り継いだ70余年のプロ野球の歴史。その歴史をひもとく鍵となる『天敵』と『情念』。一言では語り尽くせない男と男のドラマが、その関係性をさらに複雑にさせ、伝説へと昇華させていくのである。

別冊宝島編集部

（本文中では煩雑さを除くために敬称は省略させていただきました）

第一章

同世代ライバルの光と影

平成の怪物、松坂を取り巻く昭和55年組が包囲網を敷く
松坂世代と呼ばれたライバルたちの逆襲 ―― 14

パ・リーグを支える若きエースたちのライバル心
熱パを支える黄金世代の新名勝負数え詩 ―― 23

二人の背中を追い続けた男たち
天才ともてはやされたKKコンビの影に隠れたPL黄金世代の情念 ―― 27

豊作ドラフトと呼ばれた91年ドラフト組の揺らぐ心中
天才イチローを取り巻く48年組との確執 ―― 35

大リーグの壁を取り壊したエースに賛辞と執念
メジャーへの道を切り開いた野茂に抱く尊敬と情念とは ―― 40

オールジャパンの奴等にゃ負けられない!

野茂、潮崎、与田… パンチ佐藤、花の89年ドラフト組と己の野球人生を語る! ―― 44

意外と知られていないアマチュア時代の熱闘6戦
同世代甲子園対決 ―― 51

真剣勝負の世界に秘められた驚愕の真実を解き放つ!
天敵にまつわる知られざる裏事情 ―― 57

第二章

雑草選手VSエリート選手

実力伯仲も人気で出遅れていた野村が球宴で魅せた
球界を代表する王にオールスターで見せた野村の意地と誇り ―― 62

力と力の勝負を繰り広げた東西の雄
両雄のライバル心で格式を上げた伝統の一戦!! ―― 71

日本球界の至宝、二人が選ぶ最終針路は…
メジャーも注目！
エース対決の決着はついにアメリカへ！――76

絶対に負けられない戦いがここにある！
球史に残る天覧試合で生まれた
天才・長嶋への挑戦――80

両リーグを代表するエースとなった二人
人気のセ・実力のパを一蹴する同郷エースの闘争心――89

野球選手の印象を一変させた二人の投手
トレンディ・エースと呼ばれた男たちの
燃ゆる好敵手関係――93

巨人に対する熱きライバル心が野球をドラマに変えていった…
プロ野球の醍醐味は打倒巨人にあり!!――98

ドラフト上位指名に負けない熱き魂
雑草から這い上がった七人のサムライたち――105

同じ土俵にたてた…そこに感謝したよ
元祖雑草男　カズ山本――112

第三章　怪物ごろしの達人たち

完全無欠のホームラン王に挑戦し続けた偉大な選手
野球界の絶対王者、王貞治に挑んだ男たち――120

松井を封じることにすべてを懸けた男
野村再生工場で生き残った最強のゴジラごろし――128

並みいるスラッガーをキリキリ舞い！
変則フォームで大打者を打ち取る左ごろしの美技――133

球界史上最高の右バッターを封じ込める！
ミスター三冠王を手玉にとったカミソリシュート――138

クイックモーションで福本の足を止めろ！
世界の盗塁王を阻止するために編み出した秘策！――143

天敵を凌駕した世界の盗塁王
福本豊インタビュー 154
球史に残る戦術を披露した偉人たち
プロ野球・名珍作戦列伝 162

番外編

海外の天敵たち

番外編 #1
侍メジャーリーガーが翻弄された強敵たち!! 170
番外編 #2
国際大会で日本代表と死闘を繰り広げた強豪国 174
金だけもらって働かないヤツ大集合!
12球団スカタン外国人No.1決定戦! 181

第四章 因縁渦巻く天敵たち

野村克也の愛憎にまみれた野球人生
恩師も天敵に!?‥鶴岡との確執・「ささやき」攻防戦……186
信頼関係を築くべき間柄の確執とは
選手と監督‥‥新庄の引退宣言・西武黄金時代の亀裂……196
阪神ファンが起こした暴動の記録!
トラ信者の標的にされた他球団ファンや選手たち……201
熱狂的阪神ファン松村邦洋・タイガースを語りまくる!
もし、大阪に生まれていたら阪神ファンじゃなかったかもしれない……205
最愛の天敵を求め球界にも変化の兆し
野球史を支えてきたライバルという名のドラマ……213

第一章

プロ野球
「情念の天敵対決」
Professional Baseball
Natural enemy confrontation of pathos

英雄が存在する世代は群雄割拠
同世代ライバルの光と影

同世代には言葉では語り尽くせない“何か”が存在する。
それは嫉妬であり、因縁であり、尊敬でもある。
世代を代表する英雄を取り巻く好敵手たちの
執念に満ちた生き様とは…

プロ野球「情念の天敵対決」

平成の怪物、松坂を取り巻く昭和55年組が包囲網を敷く

松坂世代と呼ばれたライバルたちの逆襲

文・鈴木良治

プロ以前から新しい時代の到来を予感させた世代

〝松坂世代〟と呼ばれる１９８０年、昭和55年生まれのプロ選手は球界にどのぐらいいるのだろうか。列挙すると活躍している選手の多さに驚く。巨人の久保裕也、木佐貫洋、矢野謙次、横浜の村田修一、大西宏明、阪神の藤川球児、久保田智之、広島の永川勝浩、東出輝裕、梵英心、北海道日本ハムの森本稀哲、小谷野栄一、千葉ロッテの久保康友、西武の小野寺力、赤田将吾、オリックスの古木克明、ソフトバンクの新垣渚、和田毅、杉内俊哉……とこのまま日本代表チームにしてもおかしくない、そうそうたるメンバーだ。また、これらの選手のほとんどが甲子園に出場している。

〝松坂世代〟が高校３年生のときの夏の甲子園、松坂が延長17回を投げきった試合では07年オフにオリックスから横浜に移籍した大西がＰＬ学園の５番打者として出場し、

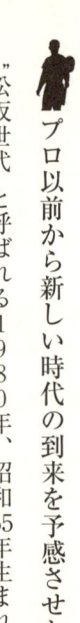

横浜高校に勝ち越された延長11回の裏、2アウトから同点タイムリーを松坂から放っている。この試合に出場していた両校の選手の中から8人のプロ野球選手を輩出していることからも、この世代の能力の高さがうかがえる。

一方、この大会では森本（帝京）、古木（豊田大谷）、今は投手の松坂、久保（関大一高）がホームランを放ち、甲子園に花を添えている。プロ野球が身構えるほど、彼らの活躍は鮮やかだった。

投手が先に飛び出した“松坂世代”

“松坂世代”という言葉が生まれたのは松坂以外の選手たちが松坂に負けず劣らず、素晴らしい活躍を見せているからだ。松坂一人の活躍では“松坂世代”という言葉は成立しない。彼らの活躍ぶりを獲得タイトルでみてみると、和田（03年）、木佐貫（03年）、久保康（05年）、梵（06年）が新人王、新垣が04年に最多奪三振、杉内が05年に最多勝、最優秀防御率、パリーグMVP、藤川が07年に最多セーブ、村田が07、08年に本塁打王を獲得している。他には森本がゴールデングラブ賞やベストナインに選ばれているが、検証すると“松坂世代”は比較的、打者より投手の活躍が目立っていることが分かる。

この中でまず注目したいのが、藤川球児だ。99年に藤川が阪神に入団したときは野村克也監督だったが、99年と01年は一軍出場なし、監督が星野仙一に交代した02年は12試合に先発したが、「いい球は持っているが、長く続かない」と評され、活躍の場を見出せないでいた。

岡田彰布が監督になった翌年の05年のシーズン途中に中継ぎに転向、シーズンが終わってみれば80試合に登板、奪三振139、防御率1・36を記録していた。この年、"チンポコ発言"で対戦が話題になった巨人の清原和博は「20年間見た中でナンバー1です」と藤川のストレートを絶賛した。

もう一人、ソフトバンクの和田毅も忘れないでおきたい。和田は03年のデビューから07年まで14勝、10勝、12勝、14勝、12勝とコンスタントに活躍している。1年目から活躍した松坂も4年目の年には二桁勝利を挙げられなかった。プロ1年目から活躍を休まず5年も続けているのは、この世代では和田だけなのだ（残念ながら08年は8勝で終わっている）。

和田は島根県立浜田高校のエースとして、2年生の夏と3年生の夏の2回、甲子園に出場している。98年、3年生の夏はベスト8に進出。3回戦では帝京と対戦し、森本稀哲にホームランを打たれるが、3－2で勝利。続く準々決勝では豊田大谷と対戦、初回に浜田高校が先制するも裏の攻撃で古木克明に逆転打を許し、延長10回にサヨナラ負けを喫している。この大会ではソフトバンクでチームメートの杉内俊哉が鹿児島実業、新垣渚が沖縄水産で出場し、プロでの再会を予感させた。その後、和田は早稲田大学を経てプロ入り、1年目からローテーションを守り続けている。アテネ五輪、06年のＷＢＣでも活躍し、スピードガンでは計測されない力を持ったストレートは、世界でも評価された。

日本プロ野球を背負って立ち、未来を作る世代

この世代は活躍ぶりもさることながら、〝明るさ〟が特徴と言える。彼らは根性とか、熱血といった汗臭さが全くなく、実にさわやかなのだ。うがった見方をすると、この世代は野球選手に限らず、ロスト・ジェネレーションなどと評され、バブル崩壊後に社会に出た積極性に乏しく、諦観に覆われた世代とされている。では、〝松坂世代〟の選手たちは熱くないのだろうか？　これには多少違和感を感じる。藤川が06年の8月に首の寝違えにより2週間ほど戦線を離脱した際、その間チームは失速し、優勝争いから遠のいた。復帰後の巨人戦で勝利投手になった藤川は、お立ち台で「選手も必死なんです。分かってください」と涙を流した。また、和田は「途上国の子どもたちにワクチンを贈る運動」に賛同し、06年のシーズンから自身の成績に連動させ、ワクチン

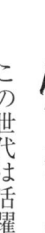

を寄付する活動をしている。明るくても決してヘラヘラ野球をやっているわけではない。"松坂世代"は口数が少ないだけなのだ。それが影響してか、彼らの対決は年が同じでもライバルといった様相はなく、クローズアップされることも少ない。力のあるもの同士がチームメートになっていたり、リーグでほどよくバラけていて対戦機会が少ないということもあるが、この世代は天敵対決どころか、対決が全く特別視されていないと言っていい。藤川と村田や新垣と森本といった投打の対決はもっと話題になっていいはずだ。

とはいえ、彼らが同級生と対峙するとき、互いに意識し燃えないわけはない。高校時代、甲子園で久保が松坂に投げ負けたことや、杉内が松坂にホームランを打たれたことを彼らは忘れないだろう。"松坂世代"は大観衆の中、人知れず闘志を燃やし、フィールドで躍動しているのだ。ファンも試合中に雄たけびを上げたり、派手なガッツポーズをする選手達だけに胸を躍らせるわけではない。"松坂世代"の有り様もまた、一つの形だ。

松坂包囲網の最右翼としては同リーグのバッターというより、ソフトバンクに集結した和田毅、杉内俊哉、新垣渚の3人のエース格ピッチャーだろう。この3人は松坂と投げ合う以前にチーム内での競争に勝たなくてはならない。杉内は02年のデビュー以来、2勝、10勝、2勝、18勝、7勝、15勝、10勝。新垣は03年以来、8勝、11勝、

10勝、13勝、7勝、4勝。ここで3人の勝ち星を並べてみると、勝ち頭が年ごとにバランス良く変わっていることに気付く。03年から和田（14勝）、新垣（11勝）、杉内（18勝）、和田（14勝）、杉内（15勝）、杉内（10勝）と争うことを拒んでいるのか、拮抗しているのか、チームにとっては実にありがたいことだが、何とも不思議な図式になっている。チーム内でこれだけの競争を経て挑んでくる3人と、松坂との投げ合いはファンにとっては垂涎モノだった。中でも和田は松坂との先発対決が通算8回で2勝5敗と分が悪いが、ＷＢＣのメキシコ戦、松坂とのリレーで勝利した直後のパ・リーグ公式戦で松坂に投げ勝ち、力強く「松坂との投げ合いは自分が成長できる」とコメントした。松坂の渡米後には「いつかまた、投げ合いたい」と静かな闘志を燃やしている。

松坂が日本にいない現在は彼らの投げ合いを見ることは難しいが、メジャーの舞台で再び包囲網が形成されることを心待ちにしたい。

"松坂世代"が世界を見下ろす日は近い

松坂は07年に海を渡り、1年目で先発として32試合に登板、２０４イニング２／３を投げ、チームをワールド・チャンピオンに導いた。メジャーでの松坂の評価としては成績が年俸に見合っていない、などの声もあったが、本拠地フェンウェイパークのスタンドでは"DICE-K"の文字がシーズンが深まるにつれ増えていった。目の肥えたファンからもおおむね好評価を得、松坂もにこやかにそれに応えた。08年には18勝を挙げ、もはや主力選手としての地位を手に入れたとも言える。既に"松坂世代"がメジャーで受け入れられる素地はできているのだ。もっとも、"松坂世代"の中でメジャー一番乗りは松坂大輔ではない。

04年にクリーブランド・インディアンスで14試合に登板した多田野数人がパイオニアだ。08年から北海道日本ハムでプレーしている多田野は、98年、高校3年の夏、八千代松陰のエースとして甲子園に出場するが、準々決勝で松坂と死闘を演じるPL学園に初戦で敗れている。その後、立教大学に進学、

松坂大輔(レッドソックス)

年	試合	勝ち	負け	防御率
08	29	18	3	2.90
通算	265	141	75	3.11

藤川球児(阪神)

年	試合	セーブ	負け	防御率
08	63	38	1	0.67
通算	351	102	13	1.90

和田毅(ソフトバンク)

年	試合	勝ち	負け	防御率
08	23	8	8	3.61
通算	143	70	43	3.40

杉内俊哉(ソフトバンク)

年	試合	勝ち	負け	防御率
08	25	10	8	2.66
通算	149	64	36	3.09

久保康友(ロッテ)

年	試合	勝ち	負け	防御率
08	33	4	7	4.95
通算	96	30	31	4.19

共通しているのはどの選手もタイトルを獲得し、チームの中軸として働いていること。やはり、勝ち星では松坂が群を抜いている

大学通算56試合で20勝16敗、防御率1・51の成績を残し、早大の和田らと六大学野球を盛り上げた。ドラフトでは上位指名確実とされたが、ゲイビデオへの出演がスキャンダルとなって指名が回避され、渡米し、03年にインディアンスとのマイナー契約に至った。04年にメジャー昇格し、先発として1勝を挙げている。多田野の登場には、横浜から戦力外通告を受け、レッドソックスでマイナーからメジャーに昇格した大家友和の登場にも似たさわやかさを感じたものだ。ヤンキースのアレックス・ロドリゲスをスローボールで打ち取った場面を覚えている方も多いことだろう。

また、メジャーリーガーでも"松坂世代"が実力者揃いであることに驚く。チームメートのジョシュ・ベケットをはじめ、インディアンスのC・C・サバシア、ヤンキースの王建民、カブスのマーク・プライアー、カージナルスのアルバート・プホルス、アスレチックスのニック・スウィッシャーらの名選手たちは、揃って80年生まれだ。アメリカでは年齢を問う文化が日本ほどでないため、世代で選手を選別するというような風潮はないが、年齢データを公表すれば、十分話題になるだろう。そして、"松坂世代"の活躍ぶりに喝采するはずだ。

そんな中、07年オフに球団からの慰留を受け断念するに至ったが、藤川がポスティングシステムによるメジャーリーグ移籍希望を表明した。日本球界とっては忌むべきことだが"松坂世代"はこれから次々と海を渡っていくだろう。さわやかなかな表情で並みいるメジャーリーガーを倒していく日もそう遠くはないはずだ。

いにしえの甲子園でのライバル対決が異国の地で再現される場面もあるかもしれない。日本の"松坂世代"がメジャーリーグで一大勢力となり、席巻する日はすぐそこだ。

プロ野球「情念の天敵対決」

パ・リーグを支える若きエースたちのライバル心

熱パを支える黄金世代の新名勝負数え詩

文・櫻井オーストラリア

球界に新しい風を吹かす三人のイケメンエース

西崎幸広（日本ハム）、阿波野秀幸（近鉄）、渡辺久信（西武）……スリムな体、端正な顔立ち、そして圧倒的な野球の実力。かつて、パ・リーグには「トレンディ・エース」と呼ばれた3人の投手がいた。そして現在、パ・リーグでは彼らの再来、いや、凌駕するような三人の男たちが覇を競っている。07年に最多奪三振、沢村賞など輝かしい成績を挙げたダルビッシュ有、そのダルビッシュを上回る勝ち星を挙げた涌井秀章、そして防御率と勝率の頂点に立った成瀬善久である。

１９２ｃｍという長身、ギリシャ彫刻のような引き締まった体、そしてエキゾチックな風貌……ダルビッシュは今からファッションモデルの道を選んだとしても成功を収めるであろう。しかし、そのビジュアルを遥かに凌駕する圧倒的な野球の才能は、彼に雑音を寄せつけない。キレのいいスライダーを始めとした多彩な変化球もいいが、なんといっても高角度からの糸を引くようなストレートがダルビッシュの魅力。そして、その実力に裏付けされた自信と意志に満ちた言動も人を惹きつける。07年、日本ハム・ファイターズを支えた田中幸雄選手の引退試合で先発した彼は8回無失点の完璧な投球。お立ち台で「僕は2点あれば勝てますから」と言い放ち、東京ドーム満員のファンを唖然とさせたシーンにはシビれた。

強気と度胸と意地でお互いを高めあっていく

涌井秀章もまた、横浜高校時代から「松坂二世」と騒がれた投手である。ダルビッシュと同じく2年生から名門校のエースを張り、大きな注目を集めていた。ダルビッシュの超人的な身体能力には及ばないが、練習量に裏

ダルビッシュ有（日本ハム）

年	試合	勝ち	負け	防御率
05	14	5	5	3.53
06	25	12	5	2.89
07	26	15	5	1.82
08	25	16	4	1.88
通算	90	48	19	2.33

涌井秀章（西武）

年	試合	勝ち	負け	防御率
05	16	1	6	7.32
06	26	12	8	3.24
07	28	17	10	2.79
08	25	10	11	3.90
通算	92	40	35	3.63

成瀬善久（ロッテ）

年	試合	勝ち	負け	防御率
04	一軍登板なし			
05				
06	13	5	5	3.45
07	24	16	1	1.82
08	22	8	6	3.23
通算	59	29	12	2.66

3人ともに投高打低のチームのなかで頑張ったことが防御率に表れている。成瀬は08年の失速が気掛かり

打ちされたスタミナと、どんなシーンでもポーカーフェイスを崩さない精神力ではダルビッシュを上回っている。そして大先輩・松坂大輔の後を追うように西武に入団、後継者として英才教育を受けた。そして07年、ついに世界に飛び出した松坂の穴を、プレッシャーに負けることなく見事に埋めてみせた。ダルビッシュとはライバルであると同時に互いに「今日は負けろ！」とメールを送りあうような大親友である。

高校時代から注目され、ドラフト1位として大きな期待をかけられていたダルビッシュと涌井に対し、成瀬の評価は高いものではなかった。横浜高校時代は「涌井の先輩」というだけの存在としてみられ、ドラフトも横浜高校とルートのあるベイスターズからも無視され、ロッテが「中継ぎにでも使えたら儲けもの」と6位指名。背番号も60と、期待のかけらも感じさせない数字。翌年涌井を指名するためのルートづくり程度の気持ちだったのかもしれない。しかし、それが成瀬の反骨心に火をつける。2年間雌伏の日々を過ごし、06年の一軍初先発では自分をソデにしたベイスターズから見事に勝利、涌井との直接対決も先輩の意地を見せ、勝利してみせる。そして07年は精密機械のようなコントロールを身につけて16勝1敗と「負けない投手」として大ブレイクを果たし、防御率のタイトルも「あいつにだけは負けたくない」ダルビッシュを0・003差という僅差でかわしてタイトルを獲得した。

身体能力と強気のダルビッシュ、スタミナとポーカーフェイスの涌井、コントロールと反骨心の成瀬……三人は互いを友として、ライバルとして、先輩後輩として意地とプライドを懸けて切磋琢磨し、互いを高めあい、07年パ・リーグの主要投手成績部門のトップを独占してしまった。そして星野ジャパンの三本柱として北京五輪予選を勝ち抜く原動力となった。

プロ野球「情念の天敵対決」

二人の背中を追い続けた男たち

天才ともてはやされたＫＫコンビの影に隠れたＰＬ黄金世代の情念

文・山口 卓

同世代の球児も憧れた高校野球界の天才コンビ

野球界には、何年かに一度の「当たり年」というものが必ずある。その代表的な学年が「松坂世代」であり、一番最近では「ハンカチ世代」だ。

ところが、あれだけ甲子園で活躍し、プロ野球選手を何人も輩出している桑田真澄・清原和博の学年に限っては、なぜか「ＫＫ世代」とは呼ばれず、あくまでも「ＫＫコンビ」である。他校の同学年の選手たちがまだ球拾いをやっていた高校1年の夏に、彼ら二人がすでにＰＬ学園の主力メンバーとして全国優勝を果たしてしまったこともあるが、やはり、それだけこの二人が実力・知名度ともに抜きん出た存在だったからであろう。

彼らがＰＬ学園に在籍した3年間で、甲子園には春夏通じて5回出場し、優勝2回、準優勝2回、ベスト4が1回。春夏連覇や夏の2連覇などを達成したチームは多数あるが、5季連続でここまでの成績を残したチームは、戦後ではＫＫコンビ時のＰＬ学園だけ。しかも、その5回の甲子園で桑田が通算20勝を挙げ、清原は通算13本塁打を記録している。

この不滅の大記録を目の当たりにすると、いくら同じ高校生とはいえ、他校の選手たちからすれば二人が別格の存在であったことは想像に難くない。同世代の野球人にとって、二人は「憧れ」「ヒーロー」ではあっても、決して「ライバル」にはなり得なかったのではないか。それほど、ＫＫコンビが甲子園で放った光は強かった。

ＰＬ学園が王者としての歴史を甲子園に刻むのは、西田慎二・木戸克彦のバッテリーを擁して初優勝した78年の夏に始まる。その後、81年、82年の春のセンバツを連覇。翌83年の夏にＫＫコンビがセンセーショナルなデビューを果たし、彼らが卒業した直後の86年のセンバツにも出場。87年には立浪和義、片岡篤史らの世代が春夏連覇を達成している。

この時代のＰＬ学園は、毎年甲子園に出場するのはもはや当たり前であり、出れば必ず上位に勝ち進む屈指の強豪校であった。ただ、あまりにもＫＫコンビの残したイメージが強烈過ぎたこともあり、その前後の世代となると、よほどの高校野球通でもなければすぐに名前が出てこない（立浪世代は別として）。

ＫＫコンビと同世代で後にプロ入りして活躍したのは、中山裕章（高知商）、佐々木主浩（東北）、葛西稔（東北）、大森剛（高松商）、渡辺智男（伊野商）、田中幸雄（都城）らである。

そのひとつ前の世代、ひとつ後の世代となると、なおさらピンとこない。実際には一学年上に野村謙二郎（佐伯鶴城）や大久保博元（水戸商）、一学年下に近藤真一（享栄）や水口栄二（松山商）といったそうそうたるメンバーがいるのだが、ＫＫコンビが放った煌めきと比較すると、言葉は悪いが「小粒感」が拭えない。

なによりも、ＫＫコンビには「物語」があった。

高校野球の歴史を変えたとまで言われた強打の池田高校を1年生の二人が破って優勝。その後も甲子園で数々の記録を塗り替えながら同時にプロ入りし（しかもドラフトでの因縁つき）、さらに日本シリーズでのＫＫ対決などを経て清原の巨人入り、そして最後まで現役生活にこだわり続けた姿勢…などなど。彼ら二人は、チームや野球観は違えど常にセットで語られ、ファン、野球マスコミ、そ

PL学園黄金世代甲子園成績

年	春	夏	中心選手
81	優勝	出場せず	吉村(元巨人)
82	優勝	出場せず	榎田(元阪急)
83	出場せず	優勝	桑田(元パイレーツ) 清原(元オリックス)
84	準優勝	準優勝	
85	ベスト4	優勝	
86	1回戦	出場せず	
87	優勝	優勝	立浪(中日)
通算(春夏)	94勝28敗		

81年から87年までの7年間で、甲子園には春夏通じて10回出場。そのうち優勝が6回、準優勝が2回、ベスト4が1回と、圧倒的な強さを見せた。その頃の選手は、83〜85年桑田・清原、85〜87年立浪（中日）・片岡（元阪神）・橋本（元巨人）などがいる

して選手たちからも注目され続けた。彼らのあとからプロ入りした選手も、身長の低い投手は自分と桑田をダブらせ、長距離打者は清原のスイングを真似る。野球界にＫＫコンビが与えた影響は限りなく大きい。

ＰＬ史上最強のチームを甲子園で破った3投手

桑田・清原の存在を最初に全国に知らしめたのは、彼らが1年の夏に広島商、中京高などの強豪校を破った末、優勝候補筆頭だった蔦文也監督率いる池田高校と戦った決勝戦だった。

当時、優勝最右翼といわれ、史上初の夏春夏の3連覇を狙う池田。水野雄仁という絶対的なエースが君臨し、しかも打線の破壊力は超高校級。そんなチームに7対0という大差で勝ってしまった。1年生コンビが中心のチームが、王者を圧倒してしまった衝撃は強烈に甲子園ファンの心に刻まれた。

そんな彼らが甲子園二度目の出場となる84年のセンバツ。誰もがこのチームが敗れることなどないと思っていた。ところが、決勝戦で東京の岩倉高校に0対1で惜敗。前の試合まで20連勝と伸ばしていたＰＬ学園の甲子園連勝が途切れるとともに、ＫＫコンビが初めて甲子園で敗れ去った瞬間だった。

巻き返しをかけて挑んだ84年の夏の甲子園でも順調に決勝まで駒を進める。相手は木内監督率いる茨城の取手二高。この試合も戦前の評価は「PLが圧倒的有利」であったが、蓋を開けてみれば8対4で取手二高の勝利。その試合で打たれた桑田は、後日、取手二高を訪れ、投手の石田文樹（元横浜、故人）に「なんで野球をあんなに楽しそうにやれるんですか？」と聞いたそうだ。エリートとして育った桑田には、移動中のバスでカラオケを歌ったり、試合後、楽しそうに海水浴に出かける取手二高ナインを理解することはできなかったのだろう。

85年春、桑田と清原が最高学年になったチームには、松山秀明（元オリックス）、内匠政博（元近鉄）、今久留主成幸（元西武）と、後にプロ入りする選手が揃い、優勝間違いなしと言われていた。

ところが、そんなPLの前に思わぬ伏兵が立ちはだかる。高知の伊野商である。この試合では相手エースの

桑田真澄（元パイレーツ）

年	試合	勝ち	負け	防御率
08	出場なし			
通算	461	173	142	3.59

清原和博（元オリックス）

年	試合	打率	打点	本塁打
08	22	.182	3	0
通算	2338	.272	1530	525

渡辺智男（元西武、ダイエー）

	試合	勝ち	負け	防御率
通算	123	45	40	3.73

水野雄仁（元巨人）

	試合	勝ち	負け	防御率
通算	265	39	29	3.10

立浪和義（中日）

年	試合	打率	打点	本塁打
08	86	.205	10	1
通算	2509	.284	1020	170

水野の世代は、古田・池山・山本昌らと同期の「昭和40年会」。甲子園では水野が目立ったが、プロ入りして活躍した選手も多い

渡辺智男（元西武）の速球に完全にねじ伏せられて完敗。日本の高校生で自分たちが一番強いと思っていたＫＫが、初めて「上には上がいる」と思った瞬間だった。

ＫＫでもなしえなかった春夏連覇を達成した世代

ＫＫコンビが卒業した翌86年のＰＬ学園は、春のセンバツに出場しているものの一回戦の浜松商戦で敗退。夏は甲子園に出ることさえできなかった。

この年の夏の選手権大会は奈良の天理高校が優勝。準優勝だった松山商業のキャプテン・水口栄二（元オリックス）が記録した大会安打最多記録（19本）は未だに破られていない（同時に、清原が前年に記録した大会最多塁打の27塁打にも並んでいる）。

同期には野茂英雄、高津臣吾、長谷川滋利、藪恵壹といったメジャー組がおり、日本の球界でも金本知憲、矢野輝弘、下柳剛の阪神組が現在も活躍している。メジャー組の４人も含め、ほとんどが甲子園に出場しておらず、大学や社会人を経由してプロに入っているという共通点があるのが面白い。あえて例えるなら「遅咲き世代」とでも言おうか。

桑田・清原でさえ成し遂げることができなかった春夏連覇を達成したのが、そのまた一学年下の「立浪世代」だ。

この年のＰＬ学園は先発投手が野村弘樹（元横浜）で、中継ぎ・抑えに橋本清（元巨人）と岩崎充宏という、高校野球では珍しい継投策のチーム。さらに内野の布陣を見ると、立浪和義（中日）、片岡篤史（元阪神）、宮本慎也（ヤクルト・学年は立浪らのひとつ下）と豪華メンバーが揃っており、今思えば圧倒的な戦力を持っていたわけである。立浪はそんなチームの主将を任されていた。

そして、そのチームを牽引するのが甲子園最多58勝の名将・中村順司監督。彼の位置づけは、守りを軸とした「ニューＰＬ」としての再出発チームだった。

その春の準々決勝では芝草宇宙（元日ハム）の帝京と白熱の延長戦の末、野村―橋本―岩崎の継投が功を奏して３対２のサヨナラ勝ち。準決勝、久慈照嘉（元阪神）率いる東海大甲府戦も、再び３投手の継投で延長14回の激闘を制した。

決勝の相手は、前日の準決勝で池田のセンバツ連覇を阻止した関東一高（東京）だったが、ＰＬ学園は７回に相手バッテリーの意表を突く４番深瀬、５番橋本の連続スクイズなどで小刻みに加点。７対１で快勝した。

同年夏、再び決勝までコマを進めたＰＬ学園は、島田直也（元日ハム）の常総学院（茨城）と激突。あの偉大な桑田・清原もなしえなかった甲子園の春夏連覇がかかっていた。

ＰＬ学園リードのまま最終回、常総学院の攻撃。最後のバッターが打ったゴロをシヨートの立浪が慎重にさばき、セカンドにトス。この瞬間、史上4度目となる甲子園春夏連覇を達成した。

感極まった立浪はその場でジャンプ。試合後の優勝インタビューでは、ベンチに入れなかった3年生の選手に感謝する言葉が印象的だった。

結局、この大会では全試合3点差以上つけるという桁違いの強さを見せつけ、主軸の立浪も打率・429、2本塁打という好成績を残している。KKコンビだけが際立った2年前のチームとは違い、選手層の厚さ、まとまったチームワークがこの最強チームの強さの秘密だった。

プロ野球「情念の天敵対決」

天才イチローを取り巻く48年組との確執

豊作ドラフトと呼ばれた91年ドラフト組の揺らぐ心中

文・鈴木長月

天才・イチローに翻弄された強打者たち

91年。鈴木一朗がドラフト4位でオリックスに指名されたその年、各球団が欲していたのは、若田部健一（ダイエー→横浜→野球解説者）、斎藤隆（横浜→ドジャース）、田口壮（オリックス→カージナルス→フィリーズ→カブス）ら、大卒の即戦力であった。一方の鈴木一朗は、愛工大名電高時代に二度の甲子園出場を果たしていたとはいえ、いずれも初戦敗退のほぼ無名に近い存在。投手での指名ということからも、高校3年時には7割、通算でも5割を超えたという、驚異的な打率に注目する関係者は、まだ皆無といえた。

だが、3年後。その鈴木一朗は、突如"イチロー"として覚醒。独特の"振り子打法"を引っさげ、95、96年のオリックスV2に貢献すると、自身はメジャー移籍を果たす00

年までの実に7年にわたって、パ・リーグ首位打者の地位に君臨するという偉業を成し遂げる。

無論、そんなイチローの八面六臂の活躍は、同世代、ことに同級である73（昭和48）年生まれの選手たちを大いに刺激したに違いない。しかし同時にそれは、同じパ・リーグの打者としてしのぎを削る、中村紀洋（近鉄→ドジャース→オリックス→中日→楽天）、小笠原道大（日本ハム→巨人）、松中信彦（ソフトバンク）らにとっては、難攻不落の強大な壁としても立ちはだかることになるのであった。

イチロー不在の球界を牽引した男たちの明暗

イチロー、中村に遅れること5年。小笠原、松中がプロ入りした96年といえば、「がんばろうKOBE」をキャッチフレーズに掲げたオリックスが、震災後の神戸で連覇を達成。〝球界の盟主〟巨人をも撃破して、悲願の日本一に輝いた、イチロー人気のまさに絶頂期。だが、それは集客力に乏しかったパ・リーグの知名度を飛躍的に向上させる一方で、野手たちの間に「イチローがいるかぎり首位打者は無理」といった閉塞的な状況をつくりだすことになってもいた。

となれば、そうした構図が同じ立場にあった彼らの心中をさぞかし複雑なものにしていたことは想像に難くない。とりわけ、ともに高卒でドラフト4位、なおかつ同じ在阪のライバル球団である近鉄の主力となりつつあった中村には、忸怩たる想いがあったことであろう。

　だが時として、あまりに非情。それが厳しきプロの世界でもある。06年オフ。イチロー不在のパ・リーグで2年連続の首位打者（02、03年）にも輝く小笠原が、4年18億円という大型契約で巨人にＦＡ移籍し、落合博満以来、実に18年ぶりの三冠王を04年に獲得した松中が、7年45億円という破格の厚遇で契約の延長を決断。そんななか、ひとり流浪したのが、誰あろう中村であった。

　04年の近鉄消滅、メジャーへの挑戦、日本球界復帰後の故障、さらには自由契約と、かつての3億円プレーヤーが幾多の挫折のすえに行き着いた場所は、新人以下の待遇となる年俸わずか４００万円という育成選手としての現役生活……。

　日本シリーズＭＶＰなど、一軍昇格後の活躍により、７３３％という記録的な大幅アップで08年の年俸５０００万円を勝ちとりこそすれ、07年シーズン途中に5年1億ドルという異例の契約でマリナーズへの残留を決めたライバルとは雲泥の差。かのイチローを意識するあまりにその後塵を拝し続けた中村を待っていたのは、もはや埋めようのない格差であった。

　しかし、中日で原点回帰を果たした中村は、めざましい活躍を遂げる。07、08年と続けて20本塁打を放ち、主軸打者として完全復活。このまま中日の顔になるかと思われたが、結果、08年オフに契約で揉めたあげく、FAで楽天ゴールデンイーグルスへ移籍することとなった。やはり、順風満帆とはいかない野球人生である。

しかし、イチローに負けず劣らぬ高額年俸を維持できるのは、数多くいる"48年組"においても、松中や小笠原、あるいは石井一久（ヤクルト↓ドジャース↓ヤクルト↓西武）といった、ほんのひと握りの"勝ち組"だけ。奇跡的なカムバックを果たして注目を集める中村の陰には、"ジョニー"の愛称で親しまれた黒木知宏（ロッテ）のような、パ・リーグを支えた立役者たちまでもが、ふたたび浮上することなく、ひっそりとユニフォームを脱いでいるという苛酷な現実がある。

凋落が叫ばれるプロ野球人気の原動力でもあった巨人がＶ９を達成する、まさにその年に生まれた彼らが今、明暗の分かれる岐路に続々と立たされているのは、なんとも皮肉というほかない。

イチロー（オリックス～01年 マリナーズ）				
年	試合	打率	打点	本塁打
92	40	.253	5	0
93	43	.188	3	1
94	130	.385	54	13
95	130	.342	80	25
96	130	.356	84	16
97	135	.345	91	17
98	135	.358	71	13
99	103	.343	68	21
00	105	.387	73	12
01	157	.350	69	8
02	157	.321	51	8
03	159	.312	62	13
04	161	.372	60	8
05	162	.303	68	15
06	161	.322	49	9
07	161	.351	68	6
08	162	.310	42	6
通算	2231	.340	998	191

MVP(94～96、01)、首位打者(94～01、04)、盗塁王(95、01)、打点王(95)など、獲得した幾多のタイトルは列挙すればキリがない

プロ野球「情念の天敵対決」

大リーグの壁を取り壊したエースに賛辞と執念

メジャーへの道を切り開いた野茂に抱く尊敬と情念とは

文・櫻井オーストラリア

豪華メンバーを圧倒した野茂英雄の8球団指名

「第一回選択指名選手、ロッテ、野茂英雄　新日鐵堺・投手」パ・リーグ広報部長、パンチョ伊東の朗々とした声が会場に響いた1989年の第24回ドラフト会議。社会人野球で名を馳せ、全日本のエースとして前年のソウル五輪でも銀メダルの原動力となった怪物投手・野茂英雄を史上初となる8球団指名の末に近鉄・仰木彬監督が最後に残ったくじをひきあてて、交渉権を得るという派手な展開となった。1位として指名するに足る選手が野茂しかいなかったのかといえば、そんなことはない。潮崎哲也（西武）、与田剛（中日）は競合を避けたそれぞれの球団に1位指名を受け、社会人では西村龍次（ヤクルト）、佐々岡真司（広島）、大学生では小宮山悟（ロッテ）、佐々木主浩（大洋）といったそうそうたるメンバーが外れ1位として入団しているのであるから、それだけ野茂という男のスケールが大きかったということなのであろう。

そんな各球団の見立ては、野茂が4年連続の最多勝、奪三振王などすさまじい成績を残した後、日本のスケールに収まらずにルールの壁を破って大リーグに渡り、かの地でも新人王に両リーグでの奪三振王、二度のノーヒットノーラン達成等、球史に残る活躍をしたことで図らずも証明されることになるが、これだけのメンバーである。指名当初、ドラフト同期メンバーは「野茂、なにするものぞ」と闘志を燃やしたことは間違いない。

野茂はそれまで、順風満帆の野球人生を歩んできたわけではない。高校入学時には有名校のセレクションで見向きもされず、無名の成城工に進学。高校野球激戦区の大阪で完全試合を二度達成するなどの結果を出すことにより、新日鐵堺に入社。野茂の代名詞とも言われるトルネード投法に対する指導者の干渉は、ケタ違いの剛球を見せつけることで封殺し、近鉄入団の条件も「投球フォームをいじらないこと」であったという雑草男だ。強豪校で先輩や監督の理不尽なシゴキに耐えながら「理想的なフォーム」をつくりあげてきた男たちにとって、「野茂が獲れなかったから」という位置取りには、口には出さずとも大きくプライドを傷つけられたことであろう。そして彼らはその悔しさを燃料に、入団早々に自らその能力をいかんなく発揮した。

大学・社会人出身の即戦力投手が百花繚乱であった上位指名の陰で、ひっそりと阪神に入団した高校生がいる。新庄剛志。抜群の身体能力を評価されていたが甲子園出場の実績もなく5位という低い評価。入団するかどうか悩んだ新庄だが、「憧れの甲子園に立てるのに順位など関係ないじゃないか」という父親の言葉で入団を決意する。二軍でプロの水に馴染んだ新庄は2年後、オマリー三塁手の故障をきっかけにブレイクを果たす。無表情のまま圧倒的な数字を挙げていった野茂とは違って、確実性は低いがここぞという場面では滅法勝負強く、お立ち台に上がれば持ち前の明るいキャラクターで甲子園を沸かせた新庄は、阪神ナンバーワンの人気選手にまで成長する。そしてFA資格を得た00年、阪神の提示した5年12億円の契約を蹴り、野茂がこじ開けた扉を通って1年2200万円という低年俸で海を渡る。大リーグでもイチローのような大記録こそ残せなかったが、日本人初の4番打者として打席に立

野茂英雄 通算成績

近鉄～95年ドジャース～98年メッツ～99年ブルワーズ～00年タイガース～01年レッドソックス～02年ドジャース～05年デビルレイズ～05年ヤンキース～06年ホワイトソックス～07年カラカス・ライオンズ（ベネズエラ）～08年ロイヤルズ

年	試合	勝ち	負け	防御率
90	29	18	8	2.91
91	31	17	11	3.05
92	30	18	8	2.66
93	32	17	12	3.70
94	17	8	7	3.63
95	28	13	6	2.54
96	33	16	11	3.19
97	33	14	12	4.25
98	29	6	12	4.94
99	28	12	8	4.54
00	32	8	12	4.74
01	33	13	10	4.50
02	34	16	6	3.39
03	33	16	13	3.09
04	18	4	11	8.25
05	19	5	8	7.24
06	登板実績なし			
07	登板実績なし			
08	3	0	0	18.69
通算	462	201	155	3.86

最後の3年間は勝ち星がなかったが、ここまで野茂が積み上げた実績によって日本人はメジャーに評価されるようになった

つなど、記憶に残るプレーを見せつけ、3年間プレーした後に凱旋帰国。その後、北海道に移転したばかりの日本ハムファイターズに入団し、チームを日本一に導いた後に華々しく引退。数々の故障、不調による移籍とマイナーリーグ落ちを経験しながら大リーグに執着をみせ続けた野茂とは甲乙はつけられないものであるが、まさに対照的な人生を送っている。

インタビュー　プロ野球「情念の天敵対決」

オールジャパンの奴等にゃ負けられない!

野茂、潮崎、与田… パンチ佐藤、花の89年ドラフト組と己の野球人生を語る!

インタビュー・櫻井オーストラリア

5位や6位の指名なら断ってやろうと思っていた

――パンチさんの同期入団のメンバーは本当に豪華ですよね

「そうですね、でも、その中で、特別に誰がライバルだった、ということはないんですよ。オールジャパンで一緒にやってきた連中は全員ライバルというか、負けたくないなと思ってましたね。投手なら野茂（英雄・近鉄）、潮崎（哲也・西武）、西村（龍次・ヤクルト）、与田（剛・中日）。野手なら石井浩郎（近鉄）、南淵（時高・ロッテ）、松井（達徳・中日）3年後にプロ入りした佐藤真一（ダイエー）、樋口（一紀・ロッテ）、もいたな。

僕は大学野球でも彼らより有名だったしオールジャパンの3番を打っていたわけだから、負けるわけにはいかない、とね。彼らが一軍に出ている時に僕が二軍にいたら負けたことになる。そういう意識でいつも新聞やテレビを見ていました」

――指名されたときのテレビ中継では、まさか俺が、みたいな印象でしたが……

「実は社会人2年目に、6球団から話があったので、当然入れるものだと思っていたらどこからも指名がなかった。3年目には西武を除く11球団から挨拶があったんですが、去年もそうやって背番号は何番だって話までしておきながら指名しなかったじゃないか、と。指名されたら考えるという風に答えていたので、指名はないものだと思っていたんですよ。1位2位だったら入るけど、5位6位だったら焦らしておいて入らねえぞ、と。それで1位指名だったんで、笑わそうと思ったわけでもなんでもなく、素直にびっくりしちゃったわけです」

――オールジャパンのメンバーと一緒に遠征に行ったりしてたわけですが、仲の良かったメンバーとかはいましたか

「友達、みたいな関係はなかったですね。国際試合があって試合前の壮行パーティがあったら、僕はせっかくの機会だから色々な国の人と話してみたいと思ってました。実際に他の国のテーブルに行ってご飯を食べたりしていたし、例えば韓国へ行ったら本場の焼き肉を食べたいし買い物もしたいので街に出たりしていた。でも、そういうの

は『遊んでる』と思われてしまう。ケンカをしていたわけじゃないですよ。俺は俺の思うようにやる、という感じであっただけで」

——そういうスタンスを貫くためにも結果は出してみせたわけですね

「社会人の時は首位打者も獲ったし、サイクルヒットも達成した。全日本でも3番を打ちましたから一目置かれていたと思います。それがプロに入ったら古田（敦也・ヤクルト）もレギュラーを獲ったし石井浩郎も近鉄の四番を打つし、野茂は新人王、潮崎も一軍でローテーションに入っている。焦りや悔しさはやはりありましたね」

チームが地味だったから自然に目立ってしまった

——しかし、パンチさんも勝負強い打撃で存在感を見せました

「5年間の通算71本のヒットで3回お立ち台に立てたのだからお立ち台率は高いですよね（笑）。まずプロに入ったらヒットを1本打ちたい、打点1欲しい、ホームランも1本打ちたい、スタメンで出たい、『週刊ベースボール』の表紙を飾りたい、オフは歌合戦に出たい……ひとつひとつ夢は叶えていきました。ただ、打撃では負けていないという自負はあったけれど、守備が下手という部分もあってレギュラーになれなかったことは悔しい思い出ですね。パ・リーグは指名打者制ですから、投手の打席での代打

ということなんですか？

——チームでも随一の人気選手でしたが、目立とうという気持ちはあったんですか？

「そうは思わなかったんですが、みんなが職人肌というか、地味だったですね。ジャイアンツの選手がスーツ姿で空港にいれば、みんな『あれ？』って振り返るでしょ？　オリックスでは門田（博光）さんとか石嶺（和彦）さんのような大選手ですら、ギャラリーが『あ、パンチだ』って僕を見つけたあとにようやくわかるみたいな。目立とうというよりは、目立っちゃったという感じだと思います」

——お立ち台での名調子は？

「小さい時から、お相撲さんとか野球選手のインタビューを聞いていると『来た球を打ちました』とか『無心でした』とか『また明日も頑張ります』とか、なんで詳しく言ってくれないのかな、と思っていたんですよ。僕がガラガラの西宮球場で『12万5千人の…』と言ったときも、笑わそうという意図もあったけど、もっと球場に来てくれ、という気持ちを伝えたかったわけで。『下痢するまで飲みたいです！』って言っても、本当に飲まないですよ。でも、ただ今日はそういう気持ちなんだ！　と伝わるじゃないですか」

——プロに入られて、オールジャパンメンバーとの対戦成績はどうでした？

「野茂からは藤井寺球場で1本打ってますね。潮崎はよく打った記憶がある。彼の武器であるシンカーを門田さんがちょこちょこっと前に歩いて落ち際に打った。僕もそれを真似させてもらって打ったことを覚えています。門田さん、松永（浩美）さん、藤井（康雄）さん……チームにいい左バッターが多かったですから、パワーは真似できませんし、実際に教えを請うたわけではないんですが、何を考えてティーを打っているのかな、なんて参考になりました。ただ、今思えば……特に松永さんにはもっと聞きにいったらよかったな、と思います。僕なんかは全然ライバルとは見てなかったでしょうし」

仰木監督はもう一度勝負できる場を与えてくれた

——仰木監督が就任されて、イチロー選手とともに登録名を変えられました

「二軍の情報は一軍にも入ってきます。同じ外野手で右投左打の鈴木一朗はすごいぞ、と。とはいえ高校卒業したての18歳に自分が負けるわけがないと思っていました。でも、実際に初めて一、二軍の合同練習で見た時に『こりゃやべえな』と。といっても出てくるまで4、5年はかかると見ていましたが、音をたてて後ろから迫ってくるのを感じたのも束の間、あっという間に抜かれてしまいました」

——引退される時イチロー選手とユニフォームを交換されましたね

「ロッカーは隣同士だったんですが、一緒に飯を食ったりとかベタベタした先輩後輩の付き合いはなかったんです。イチローは試合が終わっても道具を手入れしたり自分なりに試合を振り返って反省したりで、ロッカーを出るのも最後になるような純粋な選手。そのイチローにスポットが当たりはじめた時、例えば空港でイチローが歩いているのを記者が写真を撮ろうとすると、近くを歩いていた選手はすっと離れて一人ぼっちにされてしまう。そういう時に僕が肩を組んでカメラに向かってイエイ、なんてやってみたり、さりげなく気は配っていました。そういう部分の印象もあってか、『ユニフォームをください』と言われた時、心遣いは通じていたんだな、と嬉しかったですね」

――仰木監督の薦めもあって僅か5年で現役を引退されましたが、まだまだやれた、という声も多く聞きます

「もう1年頑張れば優勝の輪に加われたのに、とよく言われましたが、仰木監督は僕をピンチヒッターの一番手として打撃を認めてくれた上で、芸能界のほうが稼げるから、と引退を勧めてくれました。このまま代打稼業を続けても『野茂は新人王、古田は首位打者、パンチは……』と言われていたでしょう。オールジャパン・社会人では勝っていた古田、潮崎、石井浩郎といったメンバーにプロでは完全に負けたと思います。今も古田や野茂には負けているでしょう。でも『パンチは野球ダメだったけど、芸能

界では頑張ってるよね』と言われるように、ここからまた勝負ができるし、何人かには勝っているかなと思う。でも、それも5年後10年後にはわからない。いつもそういう気持ちで、誇りと自信を持って今の仕事に挑んでいます」

プロ野球「情念の天敵対決」

意外と知られていないアマチュア時代の熱闘6戦

同世代甲子園対決

文・櫻井オーストラリア

日本人メジャーリーガー対決

［佐々木主浩　東北（当時3年生）×長谷川滋利　東洋大姫路（当時2年生）］
（85年夏、3回戦）

桑田、清原と同じく、1年から甲子園出場を果たしている東北の佐々木。対するは、下手投げの技巧派、豊田（元阪急）と、2年生の長谷川の二枚看板を擁する東洋大姫路。東北の佐々木は2年から持病である腰痛や、県大会で血豆を潰すアクシデントなど、満身創痍の状態で、2回戦を勝ち上がってきた。東北は、その佐々木を援護すべく初回、2回、3回とコンスタントに得点を重ね、佐々木もそれに応えるべく、ランナーを出すものの要所をきっちり抑え、4対1の完投で逃げ切った。長谷川は代打で出場したものの、結果が残せず、佐々木の貫禄勝ちに終わった。

両リーグ屈指の左腕対決が実現

［和田 毅　浜田（当時2年生）×石川雅規　秋田商（当時3年生）］
（97年夏、1回戦）

16年ぶりに夏の甲子園に戻ってきた浜田と、こちらも18年ぶりに夏の大会に戻ってきた秋田商の古豪対決。先攻の浜田は、1回、5回、8回とテンポよく点を取り、4回に1点を失った場面以外は、危なげないピッチングで秋田商打線を抑えてきた和田。しかし、9回に悪夢が待っていた。無死一、二塁からのバントを和田が悪送球で失点し、右翼手の悪返球も加わり同点。なおも無死三塁の場面。チームが取った作戦は、満塁策。ここで、和田の緊張の糸がほつれたのか、次の打者である石川にストレートのフォアボールを与えてしまい、サヨナラ勝ちを許してしまった。

超高校級のエース&スラッガー

［鈴木 健　浦和学院（当時3年生）×伊良部秀輝　尽誠学園（当時3年生）］
（87年夏、2回戦［初戦］）

前年の86年の夏にベスト4まで進出した強力打線を誇る浦和学院。対するエース伊良部を率いる尽誠学園は、前年、夏の大会では初の甲子園出場を果たし、着実に力を付けてきたチームであった。前評判では、過去の実績を考慮しても浦和学院に尽誠学園が挑む形に見られた。試合は5回に敵失などで、1点を挙げた浦和学院だったが、終盤の8回表、それまで1安打に抑えられていた尽誠学園打線が奮起。伊良部の左前安打を皮切りに3点をもぎ取り、逆転に成功。その裏に1点を取られたものの、続く9回にも2点を奪い、5対2で勝利した。また、この試合で伊良部は鈴木に対し、全てストレート勝負で挑み、1安打に抑えた。

球界屈指の名二遊間が激突

［仁志敏久　常総学院（当時1年生）×宮本慎也　ＰＬ学園（当時2年生）］
（87年夏、決勝）

ＫＫコンビの抜けた86年は夏の甲子園に出られなかったＰＬだが、87年すぐに復活。春の選抜の優勝をうけ、他校から徹底的にマークされる存在。しかし、その包囲網をはね返し、堂々の春夏決勝戦へ駒を進めた。

一方の常総学院は初出場ながら、3年前の取手二時代、ＰＬを破った名将、木内監督が作り上げたチーム。先攻ＰＬ、後攻常総学院で始まった決勝戦。この大会、すべて初回に得点を挙げているＰＬが1回の表に先制、続く2回にもこの日、スタメンに起用された宮本が三塁打を放ちチャンスを広げ追加点を挙げる。そして4回表、今度も宮本が敵失で出塁し流れを引き込み、2点追加。これで勝負が決まったかと思われた7回の裏、ラッキーボーイ的存在であった仁志が左安打を放ち、反撃の糸口を掴み、この回1点。続く8回にも1点を挙げ4対2となったが最終回、1点を挙げたＰＬがこのまま逃げきり、史上4校目の春夏優勝を遂げた。

KKの影に隠れた名投手対決

[吉井理人　箕島（当時3年生）×中山裕章　高知商業（当時1年生）]
（83年夏、3回戦）

結果としてこの大会で優勝したのは桑田・清原が1年のPL学園。それ以外にも、北から、選抜ベスト8の駒大岩見沢、仙台商（萩原）、学法石川（小椋）、印旛（古瀬）、帝京、創価（小野）、横浜商、選抜ベスト4の東海大一、中京（野中）、天理、箕島（吉井）、前年度準優勝の広島商、宇部商（秋村）、高知商（津野、中山の2枚）、久留米商（山田）、興南（仲田）と稀に見る強豪校が揃った大会であった。その中で、池田高校、蔦監督が警戒していた吉井率いる箕島と、土佐の怪童と言われた中山が控える高知商が大会11日目の第1試合、3回戦で対戦。当時、両校の対決は箕島が3連勝しており、箕島優勢と言われていたが、吉井が第1試合ということで本調子ではなかった。結果として、初回から2点を失い、そのまま自滅するように打ち込まれ、優勝候補の一角と言われるにはほど遠い2対8で惨敗を喫した。中山はこの試合では登板していない。

中日の核を担った逸材対決

［仁村徹　上尾（当時3年生）×牛島和彦　浪商（当時3年生）］
（79年夏、1回戦）

この年の選抜の準優勝校である浪商。夏の甲子園での前評判も春の優勝校、箕島をおしのけるほどであった。牛島と香川（元南海）の黄金バッテリーを考慮すると当然の流れであった。一方の上尾は、教師の不祥事で対外試合禁止後、エース仁村を中心に埼玉大会を勝ち進み代表権を得た。先攻浪商、後攻上尾で始まった1回戦。下馬評通りならば、浪商の横綱相撲だった。しかし、上尾が1回と6回に1点を取り、2対0のまま最終回。9回表、浪商は2死ランナー一塁から、牛島が土壇場で同点2ランを放ち、そのまま延長戦へ。11回、遂に浪商が1点を勝ち越し3対2となった。最後は二盗を試みたランナーを浪商・香川の強肩が刺した。

プロ野球「情念の天敵対決」

真剣勝負の世界に秘められた驚愕の真実を解き放つ！

天敵にまつわる知られざる裏事情

文・鈴木良治

プロ野球界で世紀の確執といえば、この二人だが……

［鶴岡一人（元南海ホークス監督）×野村克也（元南海ホークス監督）］

親分・大沢啓二は鶴岡の葬儀に姿を見せなかった野村を「恩知らず」と切り捨てた。野村が南海のプレイング・マネージャーを解任された時の「鶴岡元老に蹴飛ばされた。野球の世界に政治があるとは知らなかった」の発言に象徴されるように野村と鶴岡の確執は有名だが、野村の著書や発言には時折、鶴岡への感謝の念がにじむ。鶴岡は南海初の海外キャンプで門限破りが続出したことについて記者の前でボヤキまくった後、野村の成長だけを褒めた。野村はこのことを後に知り、自身の著書で幾度となく触れている。この時は野村も最終日に禁を破り、大目玉を食らっていただけに鶴岡の意外な発言がうれしかったそうだ。一貫して、鶴岡は自軍の選手を面前では決して褒めなかったが、記者たちの前では愛弟子たちを褒めていた。野村の"考える野球"の源泉は鶴岡にあるのかもしれない。

松井にメッタ打ちにあった元・横浜、竹下慎太郎の本音

2002年11月、松井秀喜メジャー移籍表明のニュースが流れた。各界から激励の声が寄せられたが、横浜の中継ぎ陣の反応は実利的だった。吉見祐治や森中聖雄は天敵の消滅を大喜びし、この年、8打数5安打4本塁打と打ちまくられた竹下は、打たれるたびにテレビに映ることを内心喜んでいたため、こう悔やんだ。

「松井さんがいないと、ニュースに映らなくなるかも……」

ヤクルトがトレンディ！だった時代を手玉に取った左腕

［広沢克実（元ヤクルトスワローズ）×今中慎二（元中日ドラゴンズ）］

今中が絶好調だった頃の90年代前半、ヤクルトの中軸として今中に何度も煮え湯を

飲まされていた広沢が今中をベタ褒めしている。

「成績には反映されないけど、日本で1番のピッチャーは今中。巨人の斎藤や勝ち星を稼ぐ山本昌なんかメじゃない。内角に食い込んでくるストレートはすごい。スピードとかを超越してる」

確かに今中には150キロのスピードボールはなかったが、スローカーブとストレートのコンビネーションは絶妙。広沢も言っているようにスピードガンでは計測されない球のキレがあった。実際、当時の広沢はホームラン数より三振数が話題になっており、今中にとってはブンブン振り回す広沢はカモだった。当時、名球会の面々も投手の勝ち星の減少を嘆いた後に今中だけを絶賛している。

TOK
ANT

第二章

プロ野球
「情念の天敵対決」
Professional Baseball
Natural enemy confrontation of pathos

「不屈の闘志」と「類い稀なる才能」
雑草選手VSエリート選手

スター街道を歩んできたエリート選手と反骨精神で逆境を
ものともせず日々精進し鍛錬を重ねた雑草選手。
ほんの少しの運に左右され相反する野球人生を送ってきた彼らが
激突した瞬間に抱いた思いは何だったのか。

プロ野球「情念の天敵対決」

実力伯仲も人気で出遅れていた野村が球宴で魅せた

球界を代表する王にオールスターで見せた野村の意地と誇り

文・高野成光

「俺がセの捕手なら抑えられる」という強烈な自負

野村克也の野球人生は、ＯＮに対する劣等感との戦いでもあった。とりわけ、王貞治へのライバル心は凄まじいものがある。片や世界の本塁打王として、片や南海黄金時代を支えた強打者として、球史に偉大なる功績を残した両雄。だが、野村が人気、評価の面で王の前を歩くことは一度もなかった。王に負けず劣らぬ成績を残しているにもかかわらずだ。

二人の、いや、野村の王に対する一方的ともいえるライバル心は高校時代から始まっていた。父親を戦争で亡くした野村は中学時代から牛乳配達などのバイトで生活費を稼ぎ、無名高校に進学。高校卒業後、テスト生として南海ホークスに入団している。

一方の王は早稲田実業のエース、そして中軸打者として活躍。甲子園のマウンドではノーヒットノーランまで記録している。数球団が獲得に名乗りをあげたが、本人の希望する巨人への入団が決まった。プロ入団前の期待値は、明らかに王の方が上だった。

この時点で野村は王という存在を意識するようになった。同時期にプロ入りした「スーパースター候補」と「一介のテスト生」。リーグは違えど、野村は王に対して劣等感を持つようになる。実は野村が巨人ファンだったという事実も、その感情に拍車をかけた。

「子供の頃、ラジオで聞こえてくる野球中継は巨人戦しかなかったからね。自然と巨人ファンになっていましたよ」（野村）

しかし、当時の巨人は捕手王国といわれるほど捕手の層が厚かった。テストに合格したところで、試合で起用されないことは明白。野村は幼い頃から憧れていた巨人入団を諦め、南海のテストを受けるという現実的な選択をしたのだった。

かつて巨人ファンだった星野仙一が巨人キラーとなったように、巨人への入団が叶わなかった選手には「巨人憎し」という感情が芽生えることがある。野村も例外ではなかったことは、その後の言動が証明している。

野村は現役時代、数々の金字塔を打ち立てた。57年に初の本塁打王になると、61年から8年連続本塁打王という大記録を達成。63年にはパ・リーグ記録を塗り替える52本塁打を記録し、さらに65年には戦後初の三冠王を獲得。捕手、そして右打者でありながら歴代2位となる通算657本塁打を残した大打者である。

だが、それらの偉大な記録は王によってことごとく破られていく。年間最多本塁打となる52本塁打を記録した翌年、王が新記録となる55本塁打を記録。本塁打王となった回数は野村の9回に対し、王は15回。通算本塁打は868本で、最終的に野村に200本以上の差をつけた。

他の成績は打点王7回、1988打点という大記録を残しているが、いずれも王に次ぐ歴代2位。通算安打は2901本で歴代2位。こちらは王のチームメイトである張本勲の後塵を拝している。これだけの大打者でありながら、歴代1位となっているのは実働年数（26年）と試合出場数（3017試合）といった記録だ。

「なぜセ・リーグの投手は王にあれだけ打たれてしまうのか？　俺がリードしていれば、王や長嶋を抑える自信がある」

現役時代、野村はやり切れぬ想いをこう表現している。野村には同じリーグなら王よりも好成績を残せるという自負があった。それでも周囲の評価は、「野村はONに次ぐ強打者」。野村は王へのライバル心を年々高めていくのであった。

野村のリードに苦しめられた王の打率は0割台

王へのジェラシーは75年にピークを迎える。5月13日のロッテ対南海戦、第3打席でヒットを放った野村は前人未到の２５００安打を記録。だが、大記録を達成した試合にもかかわらず、観客数はわずか6千人。プロ入りから21年間もパ・リーグの悲哀を味わい続けてきた野村は試合後、球史に残るコメントを残した。

「王や長嶋が向日葵なら、俺はひっそりと咲く月見草だよ」

以後、〝月見草〟は野村の代名詞となるのだった。

違うリーグにいながら、野村は常に王の存在を意識していた。それを象徴していたのが、73年シーズンの「見えない戦い」だ。65年に通算本塁記録を塗り替えた野村は、8年間、この記録を保持し続けていた。だが、73年の8月8日、５６３号を放った王に、ついに通算本塁打で並ばれてしまう。この時、野村はすでに38歳。力の衰えは隠せず、王に引き離されるのは時間の問題と思われていた。

8月10日に約1ヵ月ぶりの本塁打を放ち、再び王に1本差をつける。しかし、すぐさま王が追いつく。このデッドヒートは20日間も続いた。8月29日に王が本塁打を連発したことでこの見えない戦いは決着をみたが、王の存在が野村の消えかけていた炎を再び燃え上がらせたのはいうまでもない。

「抜かれた時は本当に寂しい想いがした。こっちが何本打っても追いつかれてしまう。相変わらずセの投手は王を抑えられない。なぜ抑えられないのか、不思議に思ったぐらいや」

では、実際に野村がセでプレーをしていたら、野村は王をどれだけ抑えられただろうか？　少なくとも、王が野村に対して苦手意識を持っていたのは間違いない。オールスター戦で、王はパの投手に完膚無きまでに封じ込まれている。マスクを被っているのはもちろん南海の野村。この事実が、「俺なら王を抑えられる」という発言の根拠となっている。

王ほどの大打者が60打席ホームランなし、38打席ノーヒットという不名誉な記録を残している。オールスターの通算打率は2割1分3厘。捕手が野村の時は、さらに成績が降下する。通算で39打数3安打の0割7分1厘。本塁打と打点に至っては、「0」と完璧に封じられている。外野に飛んだ打球はわずか3本。王だけには打たれたくないという野村の執念が、王の打力を完璧に上回った。

野村は現役時代、データ収集を常日頃から行っていた。現在のように球団専属のスコアラーがいなかった時代。自らデータを集めていた野村は、データ野球の先駆け的な存在でもあった。当然、パの選手のデータは頭の中に入っている。だからこそ、稲尾などの大投手が投げる際に、最大限の力を引き出すことができた。

パを代表する投手たちが確実にウィークポイントをついてくれれば、いくら世界の王といえども攻略は容易ではない。野村は王を抑え続けることで「自分は王よりも上」であることを証明し続けてきた。

ある南海OB解説者は、野村が王を抑え続けたことについてこう証言する。

「ノムさんにとって、王さんのデータ収集はそれほど難しい作業ではなかったと思うよ。デーゲームが終わったあと、ノムさんには巨人戦のナイターをゆっくりと観戦する時間があり、王さんを抑え込むためのデータ収集をやっていたそうです。オールスターで抑えたのは単なる偶然ではなく、周到に準備してきたことが結果として結びついたのだと思う。

ただ、王さんにはノムさん得意のささやき戦術は通用しなかったんじゃないかな。結果として抑えてはいるけど、いくらささやいても王さんからは無視されていたらしいからね」

野村克也（南海～78年ロッテ 79年西武）

年	試合	打率	打点	本塁打
54	9	.000	0	0
56	129	.252	54	7
57	132	.302	94	30
58	120	.253	79	21
59	132	.263	78	21
60	124	.291	88	29
61	136	.296	89	29
62	133	.309	104	44
63	150	.291	135	52
64	148	.262	115	41
65	136	.320	110	42
66	133	.312	97	34
67	133	.305	100	35
68	133	.260	99	38
69	106	.245	52	22
70	130	.295	114	42
71	127	.281	83	29
72	129	.292	101	35
73	129	.309	96	28
74	83	.211	45	12
75	129	.266	92	28
76	119	.273	57	10
77	127	.213	58	16
78	64	.226	012	3
79	74	.222	22	5
80	52	.217	14	4
通算	3017	.277	1988	657

実働26年は歴代1位。戦後初の三冠王をはじめ、本塁打王には9度輝く。70年には35歳にしてプレイングマネージャーとなった

王貞治（巨人）

年	試合	打率	打点	本塁打
59	94	.161	25	7
60	130	.270	71	17
61	127	.253	53	13
62	134	.272	85	38
63	140	.305	106	40
64	140	.320	119	55
65	135	.322	104	42
66	129	.311	116	48
67	133	.326	108	47
68	131	.326	119	49
69	130	.345	103	44
70	129	.325	93	47
71	130	.276	101	39
72	130	.296	120	48
73	130	.355	114	51
74	130	.332	107	49
75	128	.285	96	33
76	122	.325	123	49
77	130	.324	124	50
78	130	.300	118	39
79	120	.285	81	33
80	129	.236	84	30
通算	2831	.301	2170	868

特筆すべきは15度に渡る本塁打王を獲得。73年と74年には2年連続で三冠王となっている。通算868本塁打は不滅の大記録

監督となった今でも王への対抗心を燃やす野村

監督となってからも野村の王に対する対抗心は変わっていない。06年に野村が楽天の監督に就任したことで、ついに同一リーグでの直接対決が実現。弱小チーム率いる野村と、潤沢な資金をバックにパを代表する強豪チームとなったソフトバンク率いる王。その構図は、まるで二人のプロ入り当初の関係を彷彿とさせる。

06年のシーズン、ソフトバンクにとって楽天は脅威以外の何者でもなかった。終わってみれば10勝14敗と大きく負け越し。創設3年目で力をつけてきたとはいえ、ソフトバンクは楽天から貯金を稼ぐ計算をしていたはず。この誤算がリーグ優勝を逃す大きな要因となってしまった。

王は「苦手意識はないのだけど……。特に宮城で試合をするとウチの野球ができずにいる。これは必死さの違いともいえるんだけど」と、楽天になかなか勝てない原因を言葉少なに語っている。

一方の野村は「苦手意識だろうね。相性とか理論的には難しいんだけど、ウチだってラクに勝っているわけじゃない。勝つ時だっていつもヒヤヒヤものだよ」と語っている。王にとって07年は、かつて野村にオールスターで封じ込められた悪夢を思い起こさせるシーズンとなった。

「王さんはそうでもないけれど、ノムさんがソフトバンク戦を強く意識しているのは間違いない。チームのエースに成長した田中をソフトバンク戦にぶつけてきたのもその表れ。相性の良さはもちろんのこと、田中の高速スライダーはソフトバンク戦では有効な武器となっている。ローテーションをずらしてでも田中をソフトバンク戦にぶつけてきたあたりに、ノムさんの執念を感じたね」（前出の南海ＯＢ解説者）

残念なことに、王は体調のこともあって08年で監督を下りてしまったが、新生ソフトバンクもまた、野村楽天を必要以上に意識してしまうだろうことは想像に難くない。

プロ野球「情念の天敵対決」

力と力の勝負を繰り広げた東西の雄

両雄のライバル心で格式を上げた伝統の一戦!!

文・鈴木良治

歩んできた道の違いが際立つ世紀の対決

天敵対決は時として時代を示すファクターになりうる。「村山が投げて、長嶋が打って」といえば１９５０年代後半を、「江夏と堀内の投げあい」といえば１９６０年代後半の時代を象徴していた。そして「江川が投げて、掛布が打って」の対決は１９８０年代前半を鮮やかに浮かび上がらせてくれる。

この二人はともに１９５５年5月に生まれており、同級生だ。よって、江川が高校3年の時、阪急からのドラフト1位指名を受け入れ、入団していれば二人はプロ生活において同じキャリアをたどっていたことになる。また、江川は78年のドラフトで阪神にいったん入団しており、掛布のチームメートになる可能性もあった。だが甲子園はもとより、掛布が阪神に入団してから5年、運命は二人を引き合わせなかった。江川は作新学院で1年生からエースとして活躍、”怪物“の名をほしいままにし、栃木県大会では2度の完全試合を含むノーヒット・ノーラン9回、二度出場した甲子園では6試合で4勝2敗の成績だが、自責点3、防御率は0・46、1試合平均で奪三振15・3と数々の輝かしい戦跡を残した。その後、阪急にドラフト1位指名されるも、拒否。法政大学に進学し、六大学野球でも数々の記録を残した。大学4年時のドラフトではクラウンライター（現・西武）から1位指名されるが、またも拒否。アメリカへ留学し、翌年のドラフトで阪神から1位指名を受けるに至っている。ドラフト1位指名3回は今後、破られることのない記録だろう。

一方、掛布は習志野高校で1年生の秋から4番を打ち、2年生の夏に強豪・銚子商業を破って甲子園に出場するが、一回戦で敗退。記録らしい記録は残していない。プロ入りも父親の口利きで阪神の入団テストを受け、その後にドラフト指名されている。当時はテストを受けなければプロ入りしていない程度の選手だったのだ。

1年ごとに様相を変えた”気持ちが出ない“対決

初対決は掛布が122試合で48本をスタンドに叩き込んだ79年の7月7日、七夕の後楽園球場だ。江川の出場停止処分明け6月2日のプロ初登板も阪神戦だが、掛布はこの試合を腰痛で欠場している。記者たちの懐古録によると誰もが、用意された舞台を手にした江川と、たたき上げで舞台を掴み取った掛布の初対決を、江川のプロ初登板さながらの緊張感を持って注目していたという。掛布はレギュラー選手の欠場による出場機会で大活躍し、1年目から一軍に定着、初対決の前年まで3年連続3割を記録し、79年には若きミスター・タイガースに成長していた。そこでド派手に対決の幕が開くことになる。

超満員の衆人環視の初回、3番掛布は江川のストレートをライトスタンドに叩き込んだのだ。阪神経由で巨人入りした24歳に阪神ナインは怒り狂っていたが、掛布は落ち着いて江川に相対していた。江川は試合後、初登板でラインバックを評したように掛布を賞賛している。結果、初年度の79年は10打数4安打、2本塁打、打率・400と掛布に軍配が上がった。以降の対決を打率だけでみると、80年・200、81年・296、82年・375、83年・357、84年・278、85年・143、86年・313、87年・133。通算では167打数、48安打、14本塁打、33打点、打率・287という数字だ。通算の数字だけみると掛布に分があるが、細かくみるとカモの役回りが年毎に変わっている。興味深いのは江川の絶頂期といえる81、82、83年を掛布は6本塁打、打点17と打ち崩しており、掛布が40本塁打を放ち、阪神の日本一に貢献した85年は江川が抑え込んでいる。また、85年に江川から掛布が放った全2安打はともに本塁打というのも特別だ。

だが、もっと特別なのはこの異彩を放つ二人の対決がよくある熱血漢同士のぶつかり合いではないところ。というのも江川は、大活躍した81年に「心がない」という理由で成績が劣る西本聖に沢村賞を横取りされているし、掛布は浜風が吹く中でどうしたらスタンドに運ぶことができるか、という課題から芸術的な流し打ちを編み出した理論派だ。プライベートでも仲の良い二人はおよそ気持ちで闘うタイプではなかった。何も、気持ちと気持ちがぶつかり合えば良いというものではない。観る者がその都度、選手に気持ちを求めるのはおかしな話だ。この対決はそんなかっこいいアンチテーゼを含んだものだった。

江川の沢村賞を逃したときのコメントが洒脱だ。

「心なんて、何ではかるんだ!?」

江川 卓 現役通算成績
（巨人）

年	登板	勝利	敗戦	防御率
79	27	9	10	2.80
80	34	16	12	2.48
81	31	20	6	2.29
82	31	19	12	2.36
83	33	16	9	3.27
84	28	15	5	3.48
85	30	11	7	5.28
86	26	16	6	2.69
87	26	13	5	3.51
通算	266	135	72	3.02

81年に最多勝、最優秀防御率、最多奪三振の3冠、セ・リーグMVP。80年に最多勝と最多奪三振、82年には最多奪三振を獲得

掛布雅之 現役通算成績
（阪神）

年	試合	打率	打点	本塁打
74	83	.204	16	3
75	106	.246	29	11
76	122	.325	83	27
77	103	.331	69	23
78	129	.318	102	32
79	122	.327	95	48
80	70	.229	37	11
81	130	.341	86	23
82	130	.325	95	35
83	130	.296	93	33
84	130	.269	95	37
85	130	.300	108	40
86	67	.252	34	9
87	106	.227	45	12
88	67	.250	32	5
通算	1625	.292	1019	349

79、82、84年に本塁打王、82年に打点王。ベストナインを7回、ゴールデングラブ賞を6回獲得するも33歳の若さで引退

プロ野球「情念の天敵対決」

日本球界の至宝、二人が選ぶ最終針路は…

メジャーも注目！
エース対決の決着はついにアメリカへ！

文・サンカンオー

「負」の経歴と「勝」の経歴相反しての二人の生き方

上原が信条として掲げている「雑草魂」の原点は少年時代の環境にある。父親が監督を務める野球チームに在籍し、野球を知るも、進学をした中学校には野球部自体が存在せず、チームで野球を続けながら陸上部にて身体を鍛える。毎日、朝の6時に起床してランニングとキャッチボールの練習こそしていたが、野球を実感できるのはチームの全体練習がある日曜日のみ。東海大仰星高校時代の3年間はレギュラーにさえ選ばれず、球拾いと打撃投手を専門に部を続ける。

ポジションは外野手兼控え投手、当時のエースは同級生で後に日ハム入りをする建山義紀投手であり、公式戦の場面においては観客席から応援する「補欠中の補欠」であった。リトルリーグなどで硬式野球をしていた者と、週に一度の軟式野球と陸上部にしか在籍していなかった者。その温度差は歴然で、エリート集団の中に身を置く自身を「雑草」として意識したのが基盤となっているのである。

一方、川上憲伸は中学でスカウトされて名門・徳島商業へ入り、甲子園ではエースで4番で準優勝、明治大学進学後は六大学でリーグ優勝。上原が持つ「負」の経歴に相反する野球人生を送ってきた。挫折を知らない男は球界に入った後もエースの座に。大学通算28勝、逆指名してドラフト1位で中日ドラゴンズへと入団。

同世代でありながら一浪していた上原は阪神大学リーグにおいて優勝5回に貢献するなど、大学の4年間で36勝。川上がデビューした1年後、松坂と並ぶ目玉の選手として1位指名で巨人入りした。

与えられた権利を行使し米野球を決意したエース

『エース』とは自らでそう呼ぶものではない。チームに欠かすことのできない絶対的な存在感と、それに見合った実力、それらの要素を持ち合わせて周りに評価された者のみがそう呼ばれることを許されるのだ。中でも川上、上原は日本球界全体にして『エース』と呼ばれる実力を持つ。そんな日本を代表する二人のエースが決着をつける場所は国内なのか、それともメジャーか？

「優勝を争う相手に投げていることをもっと評価してほしかった。FAを引き出したくはないけれど…、これはない」

07年オフ、交渉の席に座った川上が現状維持の更改に保留の態度を示して言った台詞だ。中日と決別する意志は固く、元日に親しい関係者宛てに届いた年賀状にはこう記されているという。

「今まで大変お世話になりました」

年頭の抱負を述べる年賀状に込めた別れを匂わす異例の挨拶、だった。結果、08年オフにFA権を行使し、アトランタ・ブレーブス入りとなった。

04年にポスティングでのメジャー移籍を直訴したが実らなかった上原もまたそうだ。07年シーズンにはストッパーとして球団史上最

川上憲伸 現役通算成績（中日）

年	登板	勝利	敗戦	防御率
98	26	14	6	2.57
99	29	8	9	4.44
00	14	2	3	4.77
01	26	6	10	3.72
02	27	12	6	2.35
03	8	4	3	3.02
04	27	17	7	3.32
05	25	11	8	3.74
06	29	17	7	2.51
07	26	12	8	3.55
08	20	9	5	2.30
通算	257	112	72	3.22

「隔年エース」と呼ばれるだけに成績の上り下がりの幅が激しい。広島戦を苦手とする

上原浩治 現役通算成績（巨人）

年	登板	勝利	敗戦	防御率
99	25	20	4	2.09
00	20	9	7	3.57
01	24	10	7	4.02
02	26	17	5	2.60
03	27	16	5	3.17
04	22	13	5	2.60
05	27	9	12	3.31
06	24	8	9	3.21
07	55	4	3	1.74
08	26	6	5	3.81
通算	276	112	62	3.01

06年の阪神戦で通算100勝達成、ドラフト制の導入以降では最速タイの記録である

多となる32個のセーブを記録し、08年には先発に復帰もわずか6勝に終わったことで、メジャー入りを危惧する声もあったが、ボルチモア・オリールズと契約に至った。

雑草とエリート、タイプの違った二人のエースが権利を有したメジャー挑戦。アメリカで二人が投げ合う姿を見るのはもうすぐそこまできているのである。

プロ野球「情念の天敵対決」

絶対に負けられない戦いがここにある！

球史に残る天覧試合で生まれた天才・長嶋への挑戦

文・熊谷充晃

天覧試合でのサヨナラ弾　名勝負ストーリー幕開け

プロでも十分にやっていける。長嶋さんにだって負けない……。天覧試合の前に、村山はこんな自信を深めていたことだろう。次代の球界を代表するエースになる、長嶋と伍するスターになれるはずだと、阪神首脳陣も考えていただろう。

そして迎えた1959年6月25日の巨人・阪神戦。後楽園球場で行われたこの試合は、今さら説明するまでもなく、日本プロ野球史上初の天覧試合として開催された（それまで、皇太子のご観戦は何度かあった）。この年は、日本全国が「岩戸景気」に沸いた年。また、この4月には皇太子ご成婚があり、日本国中に幸せなムードが漂っていた。そんな中、天皇自らプロ野球をご観戦なさる、ということで、後年、長嶋は

新聞のインタビューで、

「興奮と緊張で前夜はなかなか寝つけませんでした」

と心境を明かしている。

　いつもは騒々しいぐらいに鳴り響く、応援のための太鼓などの鳴り物が禁止され、いつもとは違う重い緊張感が支配するグラウンド。試合は、両軍ともにエース（巨人・藤田元司、阪神・小山正明）が先発。阪神が3回表に先制すると、5回裏には長嶋がレフトへ同点ソロアーチ。続く打者もホームランを放って一発攻勢で逆転すると、阪神は直後の6回表、同点タイムリーヒットと逆転2ラン。巨人は、お返しとばかりに7回裏、ルーキー・王貞治がライトへ同点2ラン。ちなみにこれが、後に「ＯＮ砲」と名付けられた長嶋・王による初のアベック本塁打となっている。

　ここで阪神は、エース小山に代えて村山を登板させた。その後、試合は動かなくなり、4対4のまま運命の9回裏を迎えた。

　この回の先頭バッターは長嶋。村山は長嶋とは相性がいい。それを裏付けるように、2ストライク1ボールと長嶋を追い込んだ。次はボールで並行カウント。そして運命の5球目を村山が投げた。内角高めのシュート。見逃せばボールという球、だけど自分が好きなコース……長嶋はフルスイングで叩いた。弾かれたボールは、ライナー性の鋭い軌跡を描きながら、レフトポールの上を通り過ぎていく。こうして、サヨナラホームランという劇的な最後で、球史に残る天覧試合は幕を閉じた。

抑え込んでいたはずの憧れの先輩が放った強烈な一発。

「あれはファウルだ！」

98年に死去するまで譲らなかった村山の持論には、その味わった屈辱感がありありと表れている。そして、この敗戦で村山の心にはハッキリと、打倒・長嶋という生涯の目標が生まれた。悔しさをバネに村山は、ルーキーイヤーを18勝10敗、防御率1・19という新人らしからぬ成績で終え、最優秀防御率と沢村賞を獲得した。

その静かなる闘志は、こと長嶋を相手にしたときに燃え盛った。天覧

村山実現役時代(阪神)

年	試合	勝ち	負け	防御率
59	54	18	10	1.19
60	36	8	15	2.52
61	48	24	13	2.27
62	57	25	14	1.20
63	28	11	10	2.77
64	46	22	18	3.32
65	39	25	13	1.96
66	38	24	9	1.55
67	30	13	9	2.80
68	32	15	8	2.73
69	35	12	14	2.01
70	25	14	3	0.98
71	19	7	5	2.71
72	22	4	6	3.60
通算	509	222	147	2.09

歴代10位の奪三振数。防御率1点台で最優秀防御率を取れなかった年が2回。222勝のうち完封が約4分の1の55というのも驚異的

長嶋茂雄現役時代(巨人)

年	試合	打率	打点	本塁打
58	130	.305	92	29
59	124	.334	82	27
60	126	.334	64	16
61	130	.353	86	28
62	134	.288	80	25
63	134	.341	112	37
64	133	.314	90	31
65	131	.300	80	17
66	128	.344	105	26
67	122	.283	77	19
68	131	.318	125	39
69	126	.311	115	32
70	127	.269	105	22
71	130	.320	86	34
72	125	.266	92	27
73	127	.269	76	20
74	128	.244	55	15
通算	2186	.305	1522	444

記憶の長嶋と記録の王、とよく言われるが、記録の面でも十分すぎる実績を残している。通算打率は歴代14位。本塁打は歴代12位

試合後、そのシーズンを終えるまで、長嶋と9度対戦した村山は、四球もなくノーヒット3三振とパーフェクトに抑え込んでいるからだ。

プロ入り前からの因縁　大学で長嶋打倒を決めた

333回に及ぶ対戦の内訳は、長嶋の302打数85安打、21本塁打、30四球、39三振。打率は2割8分1厘。生涯通算成績と比べれば、村山は確実に長嶋キラーだった。とはいえ、村山の被本塁打数209本のうち、約1割が長嶋によるものということを考えると、長嶋もまた、村山キラーだったのかもしれない。

そんな村山と長嶋の〝因縁〟は、村山の大学入学時に遡る。1学年上の長嶋茂雄という東京六大学のスーパースターに憧れていた高校時代の村山は、長嶋と一緒にプレーがしたいという夢を叶えるべく、立教大学のセレクションを受けることにした。ところが、身長が低いという理由で入学を断られ、兄の勧めで関西大学に進学することになった。

ここで、立教大学を見返してやろうと奮起。2年生時の全日本大学野球選手権大会では、上田利治（元阪急、日本ハム監督）とのバッテリーで、全試合完投という見事な投球を見せ、西日本勢としては初の優勝を飾る。ところが翌年の同大会では、決勝で4年生・長嶋茂雄のいる立教大学と対戦し、連覇の夢は果たせなかった。

そんなこともあり、大学を卒業するときには、長嶋がいるプロの世界へと進路を定めていた。そして地元球団の阪神と、長嶋がいる巨人から誘いを受けたが、村山は長嶋と対決する道を選ぶ。巨人は阪神の4倍という高額な契約金を提示したが、村山は「関西の育ちだから」といって、それを蹴ったのだ。

ところが本人が後年、明かしたところによると、大学時代に肩を故障していて、プロでいつまで全力で投げられるか不安だったため、阪神電鉄に入社し、出向扱いでタイガースに入団した、というのが阪神入団の真相だったらしい。

それはさておき、顔をしかめて全身をフルに使って投げ抜く「ザトペック投法」と、オーバースロー、スリークォーター、サイドスローから投げ分けるフォークを武器に、村山は、同じプロとして長嶋の前に立った。ところが、天覧試合でのサヨナラ被弾で、苦しそうな表情で全力疾走するマラソンランナー、ザトペックが由来の投球フォーム名は、〝悲壮感〟の代名詞にもなってしまった。

それでも村山の闘志は常に、長嶋に向けられていた。66年、1500奪三振達成を目前に控えた村山は、「絶対に長嶋さんから取る！」と公言し、それを実現してみせた。それから3年後、2000奪三振記録が目前に迫ったときも、村山は同じ宣言をして現実にした。どちらの場合も、実現するために、長嶋以外のバッター相手には打たせて取るピッチングを展開し、長嶋のときだけは三振のみを狙った投球をしたほどだ。

二人の対決が常に、純粋な真っ向勝負だったことは、村山の死に際して長嶋が報道陣に語った、

「彼との対決は、野球人長嶋と、野球人村山との魂の闘いだった。このようなライバルに出会えたことは幸せだった」

「彼は一球たりとも、自分に対してアンフェアな球は投げなかった」

という惜別の言葉によく表れている。その証拠に、通算57死球を出している村山は、長嶋に対してだけはデッドボールを与えていない。

宿命のライバルに恵まれた二人は、プロ野球界に大きな足跡を残した。

「ミスター・ジャイアンツ」長嶋は、首位打者に3年連続のリーグタイ記録を含むリーグ記録の首位打者6回、本塁打王2回、打点王5回、最多安打10回（6年連続&通算10回は日本記録）、そして5度のMVPに輝いた。

一方の「ミスター・タイガース」村山は、最多勝2回、最優秀防御率3回、最多奪三振2回、最高勝率1回と、MVP1度、沢村賞は3回受賞という成績を残した。70年に記録したシーズン最優秀防御率0・98はリーグ記録（戦後では唯一の0点台）。そして222勝という数字は、チームでは昭和生まれの大卒投手で彼しか記録していない。通算防御率2・09もリーグ記録だ。

長嶋は01年、第2次監督を勇退するときの記者会見で、

「野球というスポーツは、人生そのものです」

と語ったが、村山にとっても同じだったかもしれない。特に長嶋がいる巨人相手では、その思いが強くなったはずだ。その好例が、村山の最初の退場劇だろう。ピンチの場面にリリーフ登板、自信を持って投げ込んだ球が「ボール！」と判定され、怒りに満ちた村山は球審に猛抗議。その中で球審を侮辱する発言があったとして、退場を宣告されてしまったのだ。時は63年8月11日。相手は巨人だった。チームメートに押さえられ、ベンチへ下げられる村山は号泣しながら、審判に向けて必死の抗議を続けていた。

そんな"名勝負数え唄"にもやがて、終わりのときがやってくる。70年から兼任監督としてチームを引っ張っていた村山が72年、ついに引退。それまで2年間、長嶋に1本も本塁打を許していなかったが、この年は2本も被弾。このことも、決心に影響していたのだろうか。

実現しなかった監督対決還暦で実現した最終対決

村山の引退試合は、翌73年のオープン戦。相手はやはり因縁の相手、巨人だった。

ところが残念なことに、風邪を引いてしまった長嶋の姿は、そこにはなかった……。しかし、江夏豊ら村山を慕う後輩たちに快く送り出された最後の晴れ舞台で村山は、「全部フォークで行く」を有言実行し、王らを三振に仕留めて有終の美を飾っている。

そして74年には長嶋も引退。有名な引退試合ではテレビ解説を村山が務めた。両者とも、現役時代の背番号はチームの永久欠番。特に村山は、この「永久欠番」になったことにプライドを感じていて、サイン色紙には必ず、「阪神タイガース永久欠番」と書き込むほどだった。

二人ともこれ以後、それぞれのチームで監督に就任しているが、その就任時期がずれていて、監督としての対決は実現しなかった。

余談だが、天覧試合のもう一人の当事者・藤田元司とは監督対決があり、中でも特筆される試合がある。

9回裏、岡田彰布の逆転満塁弾で5対4とサヨナラ勝ちしたゲームだ。その日付が89年6月25日。そう、天覧試合からちょうど30年に当たる日なのだ。その記念すべき日に、同じスコアで、本拠地でのサヨナラ勝ちを決めたのだった。しかも岡田のホームランはレフトポール際と、シチュエーションがほぼ同じという試合だった。

それから時を経て96年。二人の、本当の最終対決が実現した。巨人・阪神ＯＢ戦がその舞台。長嶋に打順が回ると、村山がマウンドへ姿を現した。このとき、二人の年齢は長嶋60歳、村山59歳になっていた。村山が投げた球を長嶋のバットが捉え、打球は何と、あの時とまったく同じレフト方向に高く舞い上がった……のだが、まったく飛距離が足りずレフトが楽々キャッチ。ところがこれが犠牲フライになり、長嶋は勝ち越しとなる打点を挙げた。対戦を終えた二人は、ともに満面の笑み。充実した野球人生を送れたのは、あなたのおかげだ、という感謝の気持ちが、お互いから湧き出しているかのような表情だった。この試合はテレビ放送されていたが、カメラに向かって、

「あれはファウル！」

村山は笑って、こう言ったのだった。

長嶋vs村山 生涯成績

年	打数	安打	本塁打	打率
59	23	3	3	.130
60	14	7	1	.500
61	28	9	1	.321
62	36	10	0	.278
63	17	5	3	.294
64	25	8	3	.320
65	25	6	1	.240
66	29	9	2	.310
67	17	2	1	.118
68	13	5	2	.385
69	26	9	2	.346
70	24	7	0	.292
71	14	2	0	.143
72	11	3	2	.273
通算	302	85	21	.281

毎年繰り広げられた2人のライバル対決。その最後の試合では2度対決。長嶋のホームランとファーストフライという結果だった

プロ野球「情念の天敵対決」

両リーグを代表するエースとなった二人

人気のセ・実力のパを一蹴する同郷エースの闘争心

文・綿舐直樹

同県だからこそ意識する超えなければならない壁

古くは４００勝投手金田正一。近年では日米で年間最多安打記録を樹立した安打製造機イチローなど幾多の名選手を輩出した野球王国愛知。なかでも、81年ドラフト会議で読売巨人軍から1位指名を受けた愛知県立大府高校出身の槙原寛己と、西武ライオンズから6位指名を受けた名古屋電気高校（現愛工大名電）出身の工藤公康が同期入団だったという事実には驚かされる。とはいえ、この二人を取り巻く因縁は同県ながら、高校時代の公式戦での対戦成績が残っていないことからも分かるように極めて薄い。81年春の選抜は槙原擁する大府高校が金村義明擁する報徳学園を下し初戦突破（2回戦で御坊商工に負け）。夏の大会は工藤擁する名古屋電気高校が初戦の長崎西高校戦でノーヒットノーランを達成して波に乗り、準決勝進出。ここで、またしても金村の報徳学園と対戦し、1対3で涙をのんでいる。こと高校時代に関していえば、金村との因縁の方が深い両者であるが、強豪校が群雄割拠する愛知県大会を勝ち抜く上でお互いの存在を強く意識していたであろうことは、想像に難くない。実際、工藤がFAで巨人に移籍し、チームメイトとなった際も、まったく口をきかなかったというエピソードがまことしやかに語られているほどである。では、なぜともに甲子園に出場し、全国にその名を轟かした両者に、かたや巨人ドラフト1位、かたや西武ドラフト6位という格差が生じてしまったのであろうか。ここで、登場するのが「球界の寝業師」の異名をとり、西武・ダイエーの黄金時代を築いた根本陸夫その人である。

長い時を経て実現したシリーズでのエース対決

高校時代の実績では、むしろ工藤の方が上という見方もあり、槙原同様に1位で消える存在であったはずだ。彼が西武6位指名となった背景には、熊谷組への入社が決まっており、プロ拒否の意思は固いと思われていた工藤を強行指名した当時の西武ライオンズ管理部長・根本陸夫が一枚噛んでいたのである。氏が仕掛けてきた「根本マジック」と呼ばれる強引なまでの囲い込みと札束攻勢によって有力選手を掌中に収めてきた数々のドラフト戦略は後述するが、こと工藤の指名に関しては、確信はなかったと伝えられている。しかし、一説には同年ドラフト1位指名の伊東勤よりも契約金が高かったと言われていることからも、何らかの関与があったとみてしかるべきであろう。ただ、当時の事情を知る者としては納得のいく6位指名かもしれないが、いかに契約金が1位と同等、もしくはそれ以上であったとしても、記録としては巨人の1位が槙原寛己であり、西武の6位が工藤公康であることは厳然とした事実である。人一倍プライドが高く熱狂的な巨人ファンであった工藤にとっては面白いはずがない。字面だけみれば槙原はエリート、工藤は雑草と捉えられても仕方ないこの事実が、同郷の同級生であるがゆえに、より強く工藤の闘争心に火を点ける要因となっているのではないだろうか。

さて、交流戦のないこの時代、セ・リーグとパ・リーグに袂を分かった両雄が、プロ野球公式戦の舞台で相まみえることになるのは、球界の盟主である巨人と黄金時代を迎えていた西武との日本シリーズである。83、87、90年と三度あった日本シリーズでは直接対決はついぞ実現せず、入団から13年後の94年の日本シリーズまで待たなければならなかったというのだから、この二人はよほど縁がない。ちなみに、直接対決の結果は第2戦が1対0。第6戦は3対1でともに完投した槙原が工藤を圧倒し、シリーズMVPを獲得。直接対決に一度ならず二度も敗れたことによる工藤の悔しさは想像を絶するものがあるし、槙原もまた工藤にだけは負けたくないという強いライバル意識に支えられた快投劇であった。戦わずとも確たる存在感を有してきた二人。同郷の同級生であるがゆえの闘争心が、そして、長い年月を経て交わった一瞬の邂逅が、最高のドラマを生んだのである。

工藤公康現役時代（西武～94ダイエー～00巨人～07横浜）

年	試合	勝ち	負け	防御率
82	27	1	1	3.41
83	23	2	0	3.24
84	9	0	1	2.92
85	34	8	3	2.76
86	22	11	5	3.22
87	27	15	4	2.41
88	24	10	10	3.79
89	33	4	8	4.96
90	13	9	2	3.36
91	25	16	3	2.82
92	25	11	5	3.52
93	24	15	3	2.06
94	24	11	7	3.44
95	22	12	5	3.64
96	29	8	15	3.51
97	27	11	6	3.35
98	15	7	4	3.07
99	26	11	7	2.38
00	21	12	5	3.11
01	5	1	3	8.44
02	24	9	8	2.91
03	18	7	6	4.23
04	23	10	7	4.67
05	24	11	9	4.70
06	13	3	2	4.50
07	19	7	6	3.91
08	3	0	2	5.27
通算	579	222	137	3.40

「隔年エース」などと揶揄されながらも徹底した自己管理で実働27年目を迎えた鉄腕。意外なことに最多勝は獲得していない

槙原寛己現役時代（巨人）

年	試合	勝ち	負け	防御率
82	—	—	—	—
83	31	12	9	3.67
84	27	8	9	4.70
85	14	4	7	4.00
86	22	9	6	2.29
87	21	10	6	3.40
88	27	10	13	2.16
89	21	12	4	1.79
90	17	9	5	3.96
91	25	9	12	3.39
92	29	12	13	3.58
93	28	13	5	2.28
94	29	12	8	2.82
95	26	11	8	2.88
96	18	6	6	4.12
97	25	12	9	3.46
98	36	6	4	3.98
99	45	4	3	2.83
00	21	0	1	4.12
01	1	0	0	0.00
通算	463	159	128	3.19

タイトルとは無縁だが、完全試合やバース・掛布・岡田に喰らった3連発など記録より記憶に残る活躍が目立った速球王!! 98、99年には抑えを務め通算56S

プロ野球「情念の天敵対決」

野球選手の印象を一変させた二人の投手

トレンディ・エースと呼ばれた男たちの燃ゆる好敵手関係

文・サンカンオー

球界に新風を吹き込んだアイドル野球選手の元祖

ハンカチ王子にハニカミ王子、近いところで挙げるならテニスの王子様というやつも。マスコミが強引につける冠に本人の意志は必要ない、流行ると踏んだ材料ならば勝手知ったるものなのだ。

80年代後半から90年代前半までバブル景気に気勢を借りてトレンディドラマが大流行、折しもブームの渦中にあって球界入りした二人の投手はその言葉から冠を取り「トレンディ・エース」と呼ばれることに。甘いマスクにスリムな体躯、お洒落のセンスにあやかってそう呼ばれていた二人だが、実のところはその通り名を、双方ともに快くは思っていなかったのだと聞く。とはいえ、それでプロ野球が盛り上がってくれるのならと、人身御供を決意して真新しい層となる女性ファンの獲得に一役買ったということである。

プロの選手が持っていた泥臭い、汗臭いというイメージを払拭させた阿波野と西崎。容姿も良く実力もある二人のエースの登場はそれまで見向きもしなかった女性層から支持された。だが、その反面で西崎は泥にまみれて汗にまみれる選手こそを理想とし、アイドル的な存在ながらに真摯に野球に取り組んで監督をはじめ首脳陣との衝突さえもあったという。

マスコミが作り上げた印象と、西崎の実の姿は真逆とみてよい。気に入らないことには口を出す、歯に衣着せぬ性格はトレンディにはほど遠い。その一方で取材や写真は嫌がることなく全てを引き受け、ファッション誌の表紙を飾るなど、女性におけるプロ野球選手の位置づけを変えるために尽力し続けた。

虚勢にも似たスタイルで人気を得ていた西崎に比して、阿波野を評するのなら、トレンディの冠に意を介さないマイペース型と表現するのが適当か。デビュー戦、ロングリリーフ失敗で黒星スタートの西崎に対し、8奪三振1失点で完投勝利を飾った阿波野。その後も中3日でのワンポイント登板を挟み、西武を相手に15奪三振・完封勝利を挙げるなど無敗のままで4月を終えて月間MVPに選ばれた。

ファンサービスに関しては西崎ほどに熱心だったと言える要素は阿波野にはなく、

マスコミにより持ち上げられた二人のエースの違いがわかる。今も尚、語り継がれる二人の通り名、望まざるべく呼ばれたものでも、その印象は計り知れない。

「裏街道」により誕生した二人の男のニックネーム

近鉄・阿波野に日ハム・西崎、両者ともエースとしての片鱗は大学の頃よりすでに感じるものがあった。阿波野は東都大学リーグに属する亜細亜大に進学、62試合登板、32勝17敗。最高殊勲選手に一度、最優秀選手に3度、ベストナイン3度選出。この輝かしい戦績は多数のチームに注目され、ドラフトでは近鉄、横浜、巨人から指名される結果となった。

時を同じく日ハムに指名を受けた西崎は愛工大在学中、愛知大学リーグにおいての1試合最多奪三振の記録を塗り替えるなど、エースとして活躍。86年、明治神宮野球大会では優勝に貢献している。

当時のドラフトに逆指名の制度があれば、トレンディ・エースと呼ばれるものは存在していなかっただろう。関東圏の出身である阿波野が意中としていたのは巨人か横浜だったと見られる。

「僕の野球人生は裏街道ばかりを歩んできている」

近鉄が指名権を得た時にインタビューを受けた阿波野がそう言ったのを覚えている。会場と大学とを結び、二元中継する形で放映された阿波野の入団。指名の3球団のうち、当選したのが近鉄と知った時の表情はあからさまに落胆していた。セ・リーグの球団に阿波野が入っていたならば、西崎・阿波野と並び称されてニックネームを与えられることはありえなかったはずである。運命の悪戯ともいえるクジ引きが、結果としてトレンディ・エースを誕生させた。

同年齢、同期プロ入り、お互いドラフト1位での入団と、共通点の多い二人が「ライバル」と呼ば

阿波野秀幸 現役通算成績
（近鉄〜95年巨人〜98年横浜）

年	登板	勝利	敗戦	防御率
87	32	15	12	2.88
88	29	14	12	2.61
89	29	19	8	2.71
90	25	10	11	4.63
91	13	2	2	4.93
92	19	6	6	3.36
93	22	1	3	6.93
94	6	0	2	12.19
95	24	0	3	4.30
96	4	0	0	3.00
97	1	0	0	——
98	50	4	1	4.67
99	40	2	8	6.32
00	11	2	0	4.60
通算	305	75	68	3.71

近鉄、巨人、横浜と、ドラフトの1位指名で競合した3球団の全てに在籍。90年、野茂英雄が入団するまで不動のエースとして活躍

西崎幸広 現役通算成績
（日ハム〜98年西武）

年	登板	勝利	敗戦	防御率
87	30	15	7	2.89
88	29	15	11	2.50
89	27	16	9	3.55
90	28	12	13	3.88
91	19	10	6	3.16
92	21	6	10	4.08
93	23	11	9	2.20
94	25	8	14	4.08
95	27	7	8	3.61
96	26	14	7	2.87
97	8	3	3	3.12
98	4	1	0	0.00
99	33	2	1	3.41
00	22	6	1	3.81
01	8	1	3	3.19
通算	330	127	102	3.25

戦力外の扱いで西武に移籍した後は抑えとしても登板している。松坂の初勝利の際もリリーフし、1シーズン20セーブの成績を残す

れる関係となることは必然だったと言わざるを得ない。87年デビュー時に新人王を争って熾烈なレースを二人で展開。この年のオールスター休みまでの戦績は阿波野が9勝、西崎4勝。大きく水をあけられた格好となった西崎だが、8月中は勝ち続けて9月の時点で阿波野と並ぶ。勝負は10月の最終戦までもつれ、15勝と同等の勝ち星ながら防御率と奪三振で上回った阿波野が新人王を獲得した。これに対して西崎は10連勝の活躍とファン獲得が評価され、パ・リーグ会長特別賞が贈られることになったのである。

トレンディ・エースであったと同時に好敵手でもある二人が、直接対決する機会は意外なことに3度のみ。1勝1敗、勝敗つかずの二人の勝負は「トレンディ対決」として人気を集めた。

プロ野球「情念の天敵対決」

巨人に対する熱きライバル心が野球をドラマに変えていった…

プロ野球の醍醐味は打倒巨人にあり!!

文・山口 卓

因縁の好敵手編

中日ドラゴンズの親会社である中日新聞社は、読売ジャイアンツの親会社である讀賣新聞社と東海地区で激しい部数拡大競争を行っており、その関係もあって昔から両者の対抗意識は強い。最近はそれほどでもないが、一時は明らかに「優勝できなくてもいいから、巨人にだけは勝て！」という感じが明々白々であった。

巨人・阪神戦も「伝統の戦い」などと言われるが、面白いことに、勝とうが負けようが両雄のファンは精神的に高揚して家路につく。

一方、90年代のナゴヤ球場で行われる巨人戦は、いつも殺気立った雰囲気が満ちていた。グラウンドで選手が火花を散らせば、ファン同士もスタンドで睨み合う。いわゆる「不倶戴天の敵」ということなのだろう。

当時の中日には「打倒巨人」に命を燃やす星野仙一がいた。通算勝利146勝のうちの約3割にあたる35勝が対巨人戦で挙げたもので、しかも巨人の10連覇を阻止した1974年にはセーブ王と沢村賞も獲得。まさに巨人キラーである。マウンドに立つだけで一種異様な熱気をただよわせ、王・長嶋にいつでも真っ向勝負をかける。「男」星野のピッチングにドラゴンズファンは熱狂した。

ただ、ドラゴンズが優勝した年はだいたいジャイアンツとデッドヒートを繰り広げており、リーグ優勝したときには選手はボロボロの状態。そのため、日本シリーズを戦うモチベーションがなくなっている…ということを指摘されたこともある。

また、87年にはクロマティに対する危険球を引き金に、両チームによる大乱闘が勃発。クロマティの暴行に怒った星野監督が、球界の聖域・世界の王の胸ぐらをつかむという前代未聞の事件も起きている。

因縁のライバル対決は多ければ多いほど面白い。それによってセ・リーグが、そしてプロ野球界全体が盛り上がればそれで大いに結構。

昔に比べると両者の「因縁度合」は多少薄れてしまったが、以前のような一触即発の雰囲気を、また味わってみたいと思っているファンも少なくないはずだ。

過去の巨人キラーと呼ばれる投手を大別すると、「記録に残る投手」と「記憶に残る投手」に分かれる。

対巨人戦で30勝以上挙げ、なおかつ勝ち越しているのは、平松政次（51勝47敗）、星野仙一（35勝31敗）、川口和久（33勝31敗）の3名のみ。特に平松が活躍していた頃の大洋ホエールズは決して強いチームではなく、しかも全盛期の巨人を相手にしての成績なので、その価値はさらに高い。

また、星野が先発する巨人戦はいつも球場全体がピリピリしたムードに包まれ、彼が一球投げるたびに球場がどよめくという、一種独特の雰囲気があった。勝利数だけなら国鉄時代の金田正一が65勝でトップだが、そのぶん負けも72敗と多く、しかも晩年は巨人に在籍していたこともあって、巨人キラーという印象はあまりない。

一方、「記憶に残る投手」の筆頭といえば、阪神の村山実と江夏豊ではないだろうか。長嶋・王を擁して王道を歩む巨人に必死に抵抗を試みる彼らのロマンティシズムは、当時の野球ファンの胸を熱くしたものだ。天覧試合での村山・長嶋の対決、王貞治の打席で稲尾和久の持つ日本記録を抜く３５４奪三振を記録した江夏のピッチングなどは、今でも語り草になっている。また、ヤクルト時代の川崎憲次郎も勝利数の３分の

1を巨人から稼ぎ、巨人キラーとして名を馳せた。

伝統の対決編

巨人対阪神の戦いの歴史は、そのまま日本プロ野球の歴史といっても過言ではない。

１９３７年（昭和12年）から7球団総当たりのリーグ戦が始まり、この年、巨人はエース沢村が阪神をノーヒットノーランに抑えるなどの活躍で春のシーズン制覇。しかし秋のリーグ戦ではついに沢村栄治が打たれ阪神が初優勝。続いて次の38年春も、猛虎阪神のダイナマイト打線が爆発して2期連続の優勝（これはエース沢村が徴兵にとられたことが大きく響いた）。こうしたプロ野球の草創期にお互いしのぎを削った巨人―阪神の戦いは、その後「伝統の一戦」「黄金カード」などと呼ばれ、それから60年の長きにわたってファンを熱狂させてきた。古くは豪腕・沢村と強打者・景浦將の対戦に始まり、ミスタータイガース村山実とミスタージャイアンツ長嶋茂雄の闘い、奪三振王・江夏豊と本塁打王・王貞治の真剣勝負、そして掛布雅之と江川卓の対決といった幾多の名勝負を生んできた。

ただし「伝統の一戦」という表現は、必ずしもこの対戦が勝敗の拮抗したライバル関係であることを示すものではない。巨人のＶ９や阪神の長い低迷もあり、両者の対戦成績だけ見ると圧倒的に巨人が上回っている。同じセ・リーグ内でいえば中日の方が対巨人の通算勝率は良く、純粋に勝敗の拮抗を争う関係であればむしろそちらの方が適している。

それでもこの対戦が今でも「伝統の一戦」と表現されるのは、単純な勝敗を超え、人々の胸を熱くさせる「何か」を持っているからに違いない。

特に大阪を本拠地とする阪神側から見れば、東京の巨人というチームはやはり特別な存在である。チームが低迷している時代でも、阪神の選手たちは巨人戦となると燃えた。たとえ万年Bクラスであっても、たとえ他のチームに負け越そうとも、巨人戦だけは特別視した（巨人戦に精魂使い果たすので、そのあとが勝てなかったとも言われるほど）。その長年の思いが一気に爆発したのが、あの85年のバックスクリーン3連発であり、その年の優勝であった。甲子園は熱気に包まれ、大阪のファンは歓喜の涙を流し、そして街は人であふれかえった。

その後、巨人が低迷し、さらにその前は阪神の長い暗黒時代もあったりで、両者が互角の力で、しかも優勝争いをしている状態での対戦がほとんどなかった。しかし、ここ数年は阪神が巻き返し、面白くなっている。白熱した「伝統の一戦」の復活を期待したい。

元巨人選手編

もともと巨人にいた選手が他のチームに移籍し、そこで大活躍したという例は意外と少ない。なぜなら、バリバリのレギュラー選手がトレードされることもないし、ましてＦＡなどを行使してわざわざ自分から巨人ブランドを捨てる選手もいないからだ。

そんな中で希有の例として挙げられるのが、あの78年のドラフト前日に起きた江川事件によって阪神にトレードされた小林繁だ。当時の新聞などでも大きく報道されたし、過去にもさまざまな媒体でその舞台裏が明かされたので、ここでは詳細を省くことにするが、とにかく小林にとっては青天の霹靂だったに違いない。翌年、阪神に移籍した小林は、巨人にいたとき以上に気迫のこもったピッチングを披露し、着々と白星を積み重ねていく。特に巨人戦では神がかった投球の冴えを見せ、4月10日に初先発して4－3で勝利すると、その年は投げる試合すべてに好投し、8勝無敗とカモにした。この年、小林は移籍1年目にしていきなり22勝9敗、防御率2・89という自己最高の成績を残して最多勝を獲得。二度目の沢村賞にも選出されている。

その小林が抜けた後の巨人投手陣を江川とともに支えていたのが80年代を代表するシュート・ピッチャーの西本聖である。世間を騒がせて巨人入りした江川と違ってドラフト外入団ではあったが、3年目に一軍定着。江川とは8年間も開幕投手を争い、巨人在籍の14年間で126勝をマークした。87年に江川が引退し、翌年4勝に終わると、89年に中尾孝義とのトレードで中日に移籍。移籍後も持ち前の負けん気の強さでリーグ最多の20勝を挙げ、見事に最多勝のタイトルを獲得した。しかも、そのうちの5勝を古巣の巨人から稼ぐ活躍を見せる。それはまさに西本の真骨頂ともいえる、反骨精神の表れでもあった。

ＦＡで巨人を退団し、国内の球団へ移籍した最初の選手が駒田徳広である。横浜に移った駒田は97年、5年ぶりに打率3割を達成し、打点も現役最多の86と、移籍後最高の成績を残してマシンガン打線の一翼を担う。さらにその翌年にはキャプテンを任されチームは優勝。日本シリーズでも西武を破り、駒田はシリーズ優秀選手に選ばれた。

野球を始めた小学生時代に憧れた原辰徳のいる巨人に入団し、その原監督の構想から外れて横浜にトレードされたのが仁志敏久である。巨人では入団1年目の96年に早くもレギュラーを奪い、セ・リーグの新人王を受賞。その後も小柄な体格にもかかわらず、思い切りの良い大きなスイングで長嶋巨人の核弾頭として活躍する。ところがチームが原政権に代わると、仁志に対する評価が低い原監督は彼を2番で起用。入団時から「ビッグマウス」と言われている仁志と原監督の間には確執が生じ、自らトレードを志願。その後、横浜に移籍して今も現役続行中である。

プロ野球「情念の天敵対決」

雑草から這い上がった七人のサムライたち

ドラフト上位指名に負けない熱き魂

文・櫻井オーストラリア

西本聖（74年ドラフト外）
エリート集団の巨人軍で怪物・江川とエースの座を争った

球界の盟主を自認する巨人軍は、昔も今も常勝を義務づけられたチームである。勝利を確実なものとするために全国から選りすぐりの選手が毎年のように入団し、即戦力の大物も次々と補強される。それだけにドラフト下位、ましてやドラフト外からのし上がれる確率は絶望的に少ない。そんな状況の中、誰にも負けない反骨心と練習量で一軍に這いあがったのが西本聖である。スマートさを信条とする巨人では、汗にまみれ、泥臭い西本は特異な存在である。そんな中、周囲の冷たい目に耐え、血を吐くような努力をしてようやく一軍マウンドに登れるようになった西本の前に最大のライバルが現れる。巨人が政治家を動かし、球界のルールを破壊してまで獲得した怪物、江川卓。球団からの期待、契約金、恵まれた体格から投じられる威力あるストレート……西本の持たざるものを全て持った存在は、当然のように一軍ベンチに座る。それどころか、彼のために小林繁を放出したことからわかるように、エースの座まで約束されていた。反骨心の塊である西本がこれに燃えないわけがない。江川に負けてたまるか！という気持ちは西本を大きく成長させ、ガス爆発で愛妻が大火傷を負うなどの不幸を乗り越えつつ勝ち星を重ね、毎年開幕投手を競うライバルとなった。しかし、生涯のライバルと考えていた江川は余力を残したかたちであっさりと球界を去り、目標を失った西本は迷走、成績を落とす。さらには投手コーチといさかいを起こしたことが遠因となって巨人をトレードというかたちで追われることに……。こうなると敵は巨人軍そのもの。西本は完全復活し、20勝を挙げて移籍先・中日優勝の原動力となった。大きな障害や不幸があると、それを燃料にしてしまう、まさに不屈の雑草男だ。

小坂誠（96年ドラフト5位）
守備と走塁でポジションを奪い取った小さな大快盗選手

中央では無名の存在であったが、抜群の守備力を買われ、ドラフト5位で千葉ロッテに入団。56盗塁と足でも魅せ、レギュラーを掴み取り、西岡剛が台頭するまでロッテの遊撃手の座を死守した。公称１６８ｃｍという小柄な身体をものともしない広い守備範囲は「小坂ゾーン」と呼ばれ、守備で観客を沸かせることのできる数少ない選手の一人だ。その後巨人に移籍、08年は楽天で現役を続ける。

松永浩美（78年ドラフト外）
練習生から中軸打者に！　常勝阪急を支えた最強のスイッチ打者

左右両打席本塁打6度、打率3割を超えること7度……今もなお日本球界最高のスイッチヒッターと呼ばれる松永浩美は、高校を中退して一年間の用具係を務めるという下積みを経て阪急に入団している。金がないから服はいつもジャージ。遊びにもいけないからひたすらバットを振ってスイッチヒッティングを身につけた経緯は、高橋慶彦（広島）と共通している。率も残せて盗塁もでき、パンチ力もある。三塁守備も鉄壁。しかし、何よりも大きいのは叩き上げたプライドと反骨心。阪急を買収したオリックスは阪急色を消すかのように山田久志、福本豊を引退させ、神戸移転後には15年間第一線で働いた松永も阪神へ放出。阪神でもマスコミ、フロントと対立し、たった1年でＦＡ権を公使。故郷に近い福岡ダイエーに移籍し、頼れるベテランとして4年間若いチームを支えた。

そのダイエーを戦力外となると、なんと38歳にして大リーグのキャンプに参加してみせるというアグレッシブさは、底辺からバットとグローブだけを頼りにのし上がったという自信が裏付けとなっていたことは間違いないだろう。

岩隈久志（99年ドラフト5位）
球団消滅の時も意地を通してみせた反骨の王子様

端正な顔立ちに似合わず、岩隈は反骨の男である。高校時代は激戦の西東京ブロックで國學院久我山の河内貴哉と評価を二分していたが、河内が3球団競合の末広島に1位指名されたのに対し、岩隈は5位。その悔しさをバネに4年目の03年に花開いた岩隈は15勝を挙げ、評価を逆転させた。5年目も好調を維持し、前年の成績がフロックではなく実力であることを証明してみせようとした矢先に近鉄とオリックスの合併が発表され、球界が騒然となるなか15勝3敗という圧倒的な成績を挙げ、近鉄最後のエースとして意地をみせる。そして近鉄が消え、岩隈の保有権はオリックスが握るが岩隈は断固として入団を拒否。根負けしたオリックスは岩隈を新生球団・楽天に譲渡することとなった。移籍直後は故障もあり、満足な成績は残せていなかったが、反骨王子の逆転劇が始まるのはこれからである。08年シーズンでは、23年ぶりとなる21勝投手となり最多勝を獲得。いまやパ・リーグを代表するエースとなった。

山本和範（76年ドラフト5位）
バッティングセンターから這い上がった元祖リストラの星

近鉄バファローズに投手として5位で指名され、入団後すぐに野手に転向。芽が出ずに解雇の憂き目にあった山本和範は、知人のバッティングセンターに住み込み、再起のチャンスを待った。その後南海に拾われた山本はオールスターに選出される選手に成長、ピーク時には2億円の年俸をもらうスーパースターになる。そしてその高額年俸が遠因となって解雇され、今度は古巣の近鉄に拾われるのだから人生は面白い。

落合博満（78年ドラフト3位）
プロボウラーになることまで考えた「俺流」野球人生

落合の「俺流」な生き様はプロ入り前から始まっている。理不尽な上下関係に馴染めず、高校の野球部を8回も退部し、大学も中退。真剣にプロボウラーになろうと考えたことがあるが、試験当日に交通違反で罰金をとられ、受験費用が足りずに断念したという。誰にも注目されることなく東芝府中からロッテに入団した落合が三冠王を三度も獲るのだから運命というのは面白い。同じ年に西武に1位指名された森繁和と阪急に2位で指名された石嶺和彦がともに現在、落合の下でコーチとして働いているのもまた運命を感じる。

金本知憲（91年ドラフト4位）
不器用だからこそここまで昇りつめた球界の鉄人

押しも押されもせぬ阪神の4番打者、鉄人金本は大学入学時はセレクションに弾かれるような選手であった。一般入試で入った後は無名の東北福祉大を大躍進させ、広島カープに指名されるが非力で守備は下手、ドラフトされたことすら不思議と言われるほど。しかし猛練習で知られる広島の中で誰よりもバットを振り、筋力トレーニングを続けることで１３３０試合連続フルイニング出場（08年終了時）という強靱な肉体と、軽々とスタンドにボールを運ぶパワーを作りあげていった。まさに挫折と反骨に根を張った雑草だ。

この男のさらにすごいところは、若手がサボることを許されない空気を作るところかもしれない。たとえ、不調なときであっても、試合に出場しているだけで強烈な緊張感をもたらすのだ。

自身の成績の偉大さのみならず「ダメ虎」と呼ばれたチームをあそこまで強くしたカリスマ性も評価するべきだ。

インタビュー　プロ野球「情念の天敵対決」

同じ土俵にたてた…そこに感謝したよ

元祖雑草男　カズ山本

インタビュー・櫻井オーストラリア

おっちゃんの星、イチローと首位打者を争う！

――今回は雑草魂をもった男の取材、ということで、カズさんに是非お話をうかがおうとやってまいりました。

「まあ現役も23年やりましたからね、いろんなことがありましたわ」

――近鉄を一度解雇されてバッティングセンターで働きながらチャンスを待ったという逸話は語り草となっていますね

「チャンスをくれた穴吹（義雄・南海）監督は僕の人生に新しい風を送ってくれました。まあ、西本（幸雄・近鉄）監督もチャンスはくれたんですけれど、僕がモノにできんかったから（笑）」

――そして南海で大活躍です

「僕は晩年型なんだろうね。花開いてきたら、南海が身売りですわ（笑）。ダイエーに移ってからも首位打者争いには何度も絡んどったけど、やっと1番上に立つチャンスが来たと思ったら超スーパースター、イチロー君の登場（笑）。37歳のおっちゃんと21歳の若者の戦いみたいになってね。日本全国のオヤジの代表、オジンの星！　みたいな感じで。結果的には大差で負けたわけだけど（笑）」

才能は最後まで使い切らないともったいない！

――南海時代、初選出された１９８６年のオールスターで、荒木大輔（ヤクルト）投手と対戦されています

「よく調べとるね。そう、今の斎藤佑樹（早大）みたいな感じで騒がれてて、鳴り物入りでヤクルトに入団してファン投票でオールスターに出てきた。こっちは監督推薦で選ばれた無名選手で初のオールスター。こんなんと当たるんか、と」

――絶対やっつけてやる、と？

「いや、それはなかった。彼は年上とか年下とか関係なくスーパースターでしょ。オールスターという舞台に僕が上がれなかったら戦えないわけだから、あの荒木大輔と同

じ土俵に立てることに感謝したんだよ」

――その荒木選手からも安打を放ってMVPを獲得しました

「そう、2番でいきなりライトオーバーを打っちゃった（笑）。で、その後逆転打も打ってね。MVPで、やった、車もらえる！　と思ったら、賞品がその日だけなんと〝赤いきつね〟と〝緑のたぬき〟一年分（笑）」

――嬉しいような悲しいような（笑）

「翌日はホームラン打ったんですよ。『史上初の連続MVP頂きや！』と思ったらなんと初出場の清原（和博・西武）君がホームラン打っちゃって持っていっちゃった」

――オールスターの活躍で人気も全国区になりました

「テレビとか雑誌に取材されるようになって。それで例の、クビになってバッティングセンターで、みたいな話が知られるようになってね。ま、ダイエーでまたクビになるわけだけど（笑）」

――古巣の近鉄に戻られて最後の年は、1試合だけの出場でした

「おぉ、ひどい話やで（笑）」

――ダイエーの本拠地最終戦、そこで開幕から14連勝の篠原（貴行）に唯一の黒星をつける決勝ホームラン！

「1試合しかないのに打ったんだからね。俺にとって開幕戦みたいなもんだよ！　やっ

ぱり一生懸命やっとれば野球の神様がごほうびをくれる。やっとってよかったと思ったよ！」

――最後の締めで大仕事でした

「いや、俺は辞めるつもりはなかったけどね。どこも獲りに来んかっただけや。落合（博満）さんと同じく自由契約。自分から辞める任意引退じゃない。40歳過ぎても野球できたというのは幸せなことだけど、小さい時から野球ひと筋、頂いた才能は自ら放棄することなく最後まで使い切りたいでしょう。自分から放棄するなんて考えられなかったね」

――敵地、福岡ドームでしたが両チームのファンから大声援を受けました

「おかしいよね、俺は近鉄の選手なのに大阪ドームじゃないんだもの（笑）。でも、花道を地元に用意して頂いて、福岡ドーム満員の4万8千人が大声援を送ってくれて…

…それで打っちゃうんだもの！　でも、どこも獲りに来ないんだもんなあ」

――それでオファーがあったらまだまだ続けていた、と

「前向きにいかんとね。精一杯やってオファーが来んかったらしゃーないでしょう。もし手を挙げる球団があったら、どんなに年俸が安くても行ってましたよ」

ハンディのなかから違う感覚が生まれるんや！

——カズさんは片耳の難聴というハンディがありますが、守備などではそれを感じさせんでしたね

「考えんようにしとったね。確かに今はこういうインタビューとか講演の時に音楽が鳴ってたりすると話が聞こえづらくて難儀することはある。子供たちをバッティングセンターで指導してる時とかもな。ただ、耳が聞こえないと違うアンテナが生まれるんだよ。外野を守っていても、あ、これは飛んでこないな、みたいなね。それが生まれたと実感したのは、野茂（英雄・近鉄）君の後ろを守っていた時なんだ。それまでは真剣に、苦労しながらやっとった。それが1試合だけ、東西対抗かなにかで、普段のライトではなくてレフトを守った時、全部感じるんだよ。あ、これは頭を越す打球はない、とか、こっちに打球は来ない、とか。一球一球構える必要すらない。野茂くん、ありがとう！　これで打つことに集中できる！　と思ったね」

——バッティングセンターで指導されているそうですが、最近の子供たちはどうですか？

「元気がないねえ。アントニオ猪木さんじゃないけど、元気ですかー！　といった感じがないのよ」

――元気があれば何でもできる！　ってやつですね

「何でもはできんけどな（笑）。でも、元気を出さないことには何もはじまらんでしょう。さっきも言ったけど前向きにいかんとね」

――しかし、元プロの一流選手が気軽に指導をしてくれるというのはうらやましい話ですね。プロと触れあう機会なんて、そうそうあるものじゃないです

「野球教室に興味があるなら、今日も夕方から中学生が二人、個人指導でおるけど、見にくるか？　暇だったら来たらいいよ」

――え、いいんですか？　では伺わせて頂きます！　是非お願いします！

TOKYO
6

第三章

プロ野球
「情念の天敵対決」

Professional Baseball
Natural enemy confrontation of pathos

巧みのワザで奇襲攻撃
怪物ごろしの達人たち

誰もが恐れる怪物選手にあらゆる知恵を搾り果敢に勝負を挑んだ職人。
数々の記録を打ち立てる大物選手と対峙する時、
それは彼らが彗星の如くまばゆい輝きを放つ瞬間である。
試行錯誤の末、怪物ごろしの異名を授けられた
野球人のドラマがここにある。

プロ野球「情念の天敵対決」

完全無欠のホームラン王に挑戦し続けた偉大な選手

野球界の絶対王者、王貞治に挑んだ男たち

文・美山和也

29歳でプロにカムバックした異色投手の魔球

力と力、技と技。勝っても負けても男のメンツが……。名を馳せた投打の一流選手たちがプライドを懸けて激突していた時代、『フェイクプレー』でホームランキングを封じ込めてみせた男、それが小川健太郎である。投球モーションの途中、ヒョイと放った『背面投法』はあまりにも有名だ。しかし、彼の野球人生もフェイクプレーの連続だったと言っていい。１９６４年、中日キャンプ。首脳陣は新入団の小川の投球に首を傾げた。

「あんなタマが、試合で本当に通用するのか!?」

小川が投げていたのはナックル。近年でこそ、ナックルは『魔球』として市民権を得たが、当時はそのヒョロヒョロとした球筋から、懐疑的な視線が向けられていた。

当時、小川は29歳。照国海運、リッカー、電気化学工業、立正佼成会を経て、中日入りしたが、福岡県・明善高校を卒業した10年前、東映フライヤーズの入団テストに合格している。だが、1試合も登板できず、わずか2年で退団。「プロでもう一度」の夢を追い続け、中日に拾われた。そんな小川にチャンスが訪れたのは、入団2年目。前年、代理監督だった西沢道雄が、「面白いヤツだから試してみよう」と言った。小川は「待ってました！」と言わんばかりに、大洋打線を零封。驚いたのは中日首脳陣の方である。小川は立正佼成会時代にサイドスローに転向し、シュートも習得した。三振を狙える『決め球』にもなっていたが、一軍マウンドに上る日まで、隠していたという。このへんが、フツーの投手とは考え方が違うのだ。

そして、69年6月15日（後楽園球場）。7年連続本塁打王の王貞治にカモにされてきた弱体の当時の中日投手陣にとって、小川の『王対策』にはチームの浮沈が託されていたと言っていい。3回裏、カウント2－0。小川は淡々とした表情で背中からヒョイと投げた。カウントはボールだったが、観客はざわめいた。王はア然として小川を見つめ返すだけ……。

「ほんのちょっとでいいから、タイミングを外そうと思って」

フツーに投げた次の投球を打ち損じ、ライトフライ。6回裏の対戦でもカウント2－1から二度目の背面投法を行う。ワンバウンドのクソボールだったが、一本足打法を狂わされた王は見逃しの三振に斬られた。

「小川のヤツ、曲芸なんか……」

一本足打法の生みの親、巨人・荒川博コーチはベンチで歯ぎしりしていた。巨人戦のこの日のため、小川は密かに背面投法を練習していた。今でこそ当たり前のように野球人が取り入れているストレッチやヨガを小川はいち早く取り入れ、そのヨガの最中に背面投法を思い付いたという。ちなみに、この試合の勝敗だが、小川の後を継いだリリーバーが火ダルマに遭い、中日の逆転負け。敗戦投手はアノ星野仙一である。

王の自尊心を見抜いて強行した魔の守備陣営

１９６４年、球団創設以来、一度もＡクラスを経験したことのないチーム。それが広島東洋カープだった。

「目標だったチームの勝率が5割に到達しなかったが、巨人に17勝11敗と勝ち越したのは慰めである」

その万年最下位候補・広島を指揮していたのが、白石勝巳監督だ。白石は川上、千葉、水原らと第一期黄金時代を築いた巨人選手だったが、50年の広島創設時に移籍。弱小球団にいながらベストナインにも選ばれ、53年からは監督も兼任し、名実ともに

〝カープの顔〟となっていた。

「おい、今日やるぞ！」

64年5月5日、白石監督は試合前のミーティングでナインに号令を掛けた。

白石監督は東洋工事に依頼し、王の打球の方向をデータ分析させていた。7割がセンターから右方向――。その結論は、試合の中でも感じていた。欲しかったのは「どうすればいいか」という、対策だった。しかし、白石は『合理主義者』でもあった。

「せめて、ONのどちらかだけでも抑えられないか」と考え、直感力に長けた長嶋茂雄よりも、王の方が対策を見出し易いと思うようになっていた。

「打球の7割がライト方向なら、守備位置を右に寄せればいい」

「王が流し打ちをしてきたら、レフト前ヒットが二塁打、三塁打になるぞ!?」

二塁手を一塁手の後ろに、遊撃手をセカンドベース後方、三塁手は遊撃手の定位置に。外野もセンターから右に寄せる案はすぐにできていたが、「流し打ちをしてきたら」という不安もあった。

王は前日の阪神戦で4打席連続の本塁打を放ち、ノリにノッている。長嶋まで調子づいたら、手の施しようがない。

「いや、王は流し打ちはしてこないよ」

白石は『王シフト』案に不安を唱えるコーチ陣に反論した。

一本足打法はタイミングが命である。もし流し打ちをしたら、タイミングに微妙なズレが生じ、それを修正するのに1ヵ月は掛かる。"元巨人選手"だったから、王の性格は分かっている。極端に右に寄せた守備陣営を見ても、絶対に引っ張ってくる。王とはそういう男なのだ。

「ホームランなら、仕方ないよ。やろう」

『王シフト』が実行された。白石の思ったとおり、王はスタンドを狙った。第1打席、ファーストライナー。前日から続いての『5打席連続アーチ』は生まれなかった。4打数ノーヒット。試合も広島が3対2で勝利した。ベンチで王の一挙手一投足を見ていた白石は『王シフト』のデータ解析に加わった川本徳三スコアラーと握手したが、

「平常心を崩さなかった」王の精神力の強さも認めていた。

1ヵ月半後の7月15日、王は三塁前のバントヒットでお返しをしたが、最後まで流し打ちはしなかった。

「この年王君は打率でも首位を争っていた。（中略）この年、55本でホームラン王、打率も3割2分で、首位打者になった江藤慎一君の3割2分3厘と、わずか3厘差であった。たまたま二塁ベース方向に転がればショートゴロ、投手の足元を抜くヒットコースの当たりも、凡打になることがしばしばあった。王君はこの年、打点119でホームランと二冠王になっている。もしレフト方向へ流し打って、何本かのヒットを稼

いでおれば……」

白石は後年、自著『背番号8は逆シングル』（ベースボール・マガジン社）の中でも、王の自負と精神力を賞賛している。

だが、他球団も広島に追随し、巨人で王シフトを敷くようになったのは説明するまでもなく、「もし流してレフトを狙っていれば三冠王」の可能性は全試合に当てはまったのである。

72年、日本シリーズで激突した阪急は遊撃手を外野にまわす『王シフト改訂バージョン』を採った。奇しくも、王の打球はセンターとレフトの間に入った遊撃手の後方を襲い、フェンス直前でグラブに収められた。ルール上、ショートフライだ。世界中の野球史上最長のショートフライが誕生したのも、知恵者・白石の副産物だろうか。

男のメンツで王に宣戦布告した21歳の勝負勘

勝敗よりも大事なもの、それは『男の美学』かもしれない。1968年9月18日、甲子園球場は異様な緊張感と殺気に包まれていた。

「王さんから取る！」

『シーズン奪三振』の日本新記録に王手を掛けた21歳の若武者、阪神・江夏豊はそう予告した。その意気込みに阪神ファンは燃え、巨人ファンはいきり立っていた。この時点で江夏の奪三振数は345。セ・リーグ記録の350まであと5つ、巨人戦で9つの三振を奪えば、稲尾和久の持つ353個を更新するところまできていた。江夏の1球ごとに5万5000人の大観衆が沸く。初回、1番・高田繁、3番・王から2奪三振。これで、347個。王の三振に甲子園球場が揺れた。4回、王の2打席目。江夏のカーブが決まって三振。

「まだや。まだタイ記録やで！」

満面の笑みでベンチに引き返す江夏に、捕手の辻恭彦が言った。江夏は数え間違え、新記録達成と勘違いしたのだ。計算が狂ってしまった。

次に王が打席に立つまで打者8人と勝負しなければならない……。辻も王との三度目の勝負まで「打たせて仕留める」配球に変えるのに賛成だった。問題は9番打者の『投手・高橋一三』である。6回表、二死走者なし。江夏は打つ気のない高橋に超スローの真っ直ぐを放り、バットを振らせることに成功した。7回表。王が打席に立った。江夏の目から殺気が放たれる。初球、外角低めの直球。2球目はファウル。3球目は力が入りすぎて、高めに浮く。カウント2―1。4球目も高めに浮いたが、王のバットが空を切った。記録達成。

「村山（実）さんは長嶋さんが相手だとロマンチストになる。なら、自分は王さんと勝負をし、プライドで……」

後年、江夏が語った言葉である。

2年後の10月11日、江夏は事実上の優勝決定戦で王と対峙したが、四球を選ばれ、巨人に敗れた。江夏はプライドを持ち、王は己を捨て勝負に徹した。両雄の対決は通算258打数74安打。本塁打20、三振57である。

プロ野球「情念の天敵対決」

松井を封じることにすべてを懸けた男

野村再生工場で生き残った最強のゴジラごろし

文・天六二郎

目の前の打者を敬遠され屈辱的な空振り三振

それは、誰もが目を疑うシーンだった。

99年6月13日、阪神巨人13回戦。場所は、阪神甲子園球場。

7回表、二死三塁で打者清水を迎えた場面で、阪神・野村監督は左キラーの遠山奨志にスイッチ。対する巨人・長嶋監督は、勝負強い石井を代打に送った。

ここで遠山が、石井を敬遠したのだ。ベンチの選択は、次打者である松井秀喜との勝負だった。

あくまでも左キラーとして登板させた遠山とはいえ、相手は松井。3年連続で30本以上の本塁打を記録し、前98年には本塁打と打点の2冠を獲得した、誰もが認める球界を代表する打者である。しかもこの試合の4回表には、この年までの自身最速ペースとなる先制20号を、左投手のメイから放ってもいるのだ。

高校時代に前代未聞の5連続敬遠を味わった松井も、同じ甲子園で自分の前の打者が歩かされる日が来るとは、想像すらしなかっただろう。

マウンドの遠山は、ここまで巨人戦で完璧な結果を残しているものの、投手として一度は失格の烙印を押され、野手転向した経験を持つ選手。

しかし、結果は2ストライクから投じられたシュートに、松井は空振りの三振。見事に自分の仕事をやってのけた遠山が、野村監督の期待に応えた瞬間だった。

殊勲打を放ったうえに試合も4対1で巨人が勝利したが、松井にとってこれ以上ない苦い経験となった。この日の打席で、遠山に対する苦手意識は決定的なものになったと判断していいだろう。

1本のヒットも打てず1年間完璧に抑えられる

場所を東京ドームに移した1週間後の6月20日、再対決の機会が訪れる。6回裏二死満塁のチャンス。スラッガーとして最大の見せ場で、前回に続いて松井は三振。1週間前と同様に巨人が勝利したものの、松井の傷は深まっただけだった。

投手として古巣に復帰後、変則モーションのサイドスローに転向して再出発した遠山を、野村監督は左の中継ぎエースとして、主に左打者へのワンポイントでここぞという場面で起用した。右のサイドスローである葛西と、どちらかが一時的に一塁に入り交代で投げる野村スペシャルと呼ばれる継投方法も、この年の大きな話題。再生工場と呼ばれる野村監督が再生した選手の中でも、楽天の山崎と並んで強い印象を残したのが遠山だろう。

4月4日の東京ドームで投ゴロに仕留められて以降、松井は内角に鋭く食い込むシュートと外角に逃げていくストレートに苦しみ続けた。それ以来、中飛、三振、二飛、一ゴ、左飛と連続凡退。

ある程度の苦手意識を植え付けるのが、当初野村監督が描いていた構想だったと思われる。まさかここまでの結果を残すとは、監督だけでなく遠山自身も予想していなかったに違いない。当時の松井は、遠山について「顔も見たくない」と周囲に洩らしていたというから、狙った以上の効果を、遠山は与えたことになる。

そして前述した敬遠勝負での三振、満塁での三振をはさんで、以後も中犠飛、三振、死球、一ゴ、三振、三振……と、この年の松井は遠山に対してまったくいいところなく終わってしまうのである。遠山としては、完璧な成績だ。

結局、99年の最終的な対戦成績は、13打数無安打、1死球1犠飛に終わっている。かろうじて一矢報いた犠飛でさえも、遠山の自責点にはなっていない。ただ、遠山を打てなかったのは、松井だけではない。この年の遠山の対巨人戦成績は、被安打わずかに4で、自責点は0。ゴジラキラーであると同時に、完璧な巨人キラーでもあったわけだ。

明けて00年には本塁打も打ち、松井の対遠山成績も悲劇的な数字を残した前年ほどではなかった。さらに01年には、最初の対決となった開幕3戦目の東京ドームで逆転1号スリーランを放つ。遠山にとって、松井はキラーとして打ち取れる打者ではなくなったといえるだろう。遠山は他の打者にも打ち込まれるケースが増え、監督が野村から星野に代わった02年のシーズン終了後、戦力外通告を受けて引退する。

一方の松井も、同じオフにFAでニ

松井秀喜現役時代（巨人〜03年NYY）

年	試合	打率	打点	本塁打
93	57	.223	27	11
94	130	.294	66	20
95	131	.283	80	22
96	130	.314	99	38
97	135	.298	103	37
98	135	.292	100	34
99	135	.304	95	42
00	135	.316	108	42
01	140	.333	104	36
02	140	.334	107	50
03	163	.287	106	16
04	162	.298	108	31
05	162	.305	116	23
06	51	.302	29	8
07	143	.285	103	25
08	93	.294	45	9
通算	2042	.300	1396	444

99年はタイトルこそなかったものの、自己最高の42本塁打を記録するなど二冠王の前年に劣らぬ成績。遠山だけに苦しんだ1年だった

遠山奬志現役時代（阪神〜91年ロッテ〜98年阪神）

年	試合	勝ち	負け	防御率
86	27	8	5	4.22
87	9	0	3	5.96
88	42	2	9	3.84
89	10	2	1	4.45
90	7	0	0	9.00
91	10	0	0	9.18
92	29	0	0	3.12
93	25	0	0	5.17
94	31	0	0	3.91
98	11	0	1	7.59
99	63	2	1	2.09
00	54	2	0	2.55
01	52	0	1	4.88
02	23	0	1	9.49
通算	393	16	22	4.38

新人王を逃して以降、故障をきっかけに低迷。打者転向した翌96年にはイースタンで最多安打を記録。99年から2年間の成績が光る

ューヨーク・ヤンキースに移籍。奇しくも同時に日本球界から去ることになり、対戦の機会も永遠に失われた。

最終的に松井は、遠山を攻略することができた。しかし、苦手意識までは克服できなかったようだ。ヤンキースに移籍した後も、松井は遠山に打ち取られる夢を見て、うなされたことがあるという。

プロ野球「情念の天敵対決」

並みいるスラッガーをキリキリ舞い！

変則フォームで大打者を打ち取る左ごろしの美技

文・櫻井オーストラリア

一人一殺に活路を見出した怪物退治のパイオニア

西武の東尾修に近鉄の鈴木啓示、ロッテの村田兆治、阪急の佐藤義則に山田久志……２００勝以上を挙げた剛腕投手のひしめく80年代パ・リーグの投手たちのなかで、44勝という永射保の通算勝利数も４・１４という通算防御率も、数字だけ見ればとりたてて突出してはいない。

　永射が仕事場としたのは、先に挙げた大投手のような華々しい先発のマウンドではなく、勝ち星のつくことが少ない中継ぎ、それも左のワンポイント投手である。投球回数も長くて１イニング、通常は１／３イニングであるから仕事に失敗すれば防御率は跳ね上がるし、成功しても僅かしか下がらない。そして出番は試合の勝敗を決定づける場面で、左の強打者を確実に仕留めなければならないという、労多くして功の少ない、言ってしまえば割の合わないポジションである。しかし、永射には大きな勲章がある。４度の年間最多登板を含む通算５９６試合のリリーフ登板数（歴代３位）と一人一殺の怪物ハンターとしてプロ野球ファンに与えた大きなインパクト、そして対戦した男たちの「見るのもいや」という畏敬を含んだコメントである。

チームのクリーンアップを任されたスラッガーたち、特にソレイタ（日本ハム）やリー（ロッテ）といった外国人たちは「……かわりましてピッチャー・永射」のアナウンスに必ず顔をしかめた。日本球界における通算打率１位を誇ったリーなど、右打席に入って永射と対戦したことがあるほどだ。それほど彼等を苦しめた永射の武器とはいったい何だったのか。

打者の背中を通る大きなカーブは恐怖を与えた

永射は目を見張るようなスピードボールも、バットをへし折る球威も持っていなかった。彼の武器は左サイドハンドから繰り出す大きなカーブである。一度視界から消えたボールは背中から打者を襲い、思わず腰を引いたところにストンとストライクゾーンに収まってしまう。死球を恐れる打者の本能を突いた投球術、そして左のサイドハンドという稀少な存在が相手では事前の練習もままならない。対戦相手によってバットやバッターボックスの立ち位置を替え、強烈なスイングで並みいる猛者たちの剛速球もスタンドに叩きこんできた南海ホークス、いや、パ・リーグを代表する大打者・門田博光も、この軟投投手には大いに手を焼いた。門前の仁王様のような迫力ある面構えと丸太のような腕、杉の大木のようなぶっとい体躯を使い切り王貞治を上回っていたと言われる猛スイングで投手を震え上がらせた門田を、甘いマスクで細身の身体の永射が内角ぎりぎりにボールを投げ込んでひょうひょうと打ち取り、仕留めたあとは何事もなかったかのように引き揚げていく姿には一種の風格すら感じられた。

同チーム右の大打者、野村克也の打撃フォームを鏡に映し、フォームを参考にしてバットを振り込んだという逸話を残す門田のこと、打倒永射を想定した練習は怠らなかったが、実戦と練習では球筋が全く違う。先発ならば4打席勝負できるが、1試合1打席の勝負では、球筋に慣れる前に勝負は決する。それに、一度苦手意識を持たせてしまえば、考えすぎるあまりに打者のほうから自滅していくことも多くなる。

この変則投手を勝負どころで使いまくった広岡西武は他球団の主力を牛耳り、常勝軍団をつくりあげる。主戦投手の東尾や4番打者の田淵幸一のような派手な成績を挙げてはいないが、その貢献度は彼等に引けを取らない。

その後永射はトレードで大洋に移るが、起用法の違いなどで満足な成績は残せず、再びダイエーにトレードされると本来の仕事に戻って息の長い活躍をみせた。

永射が去った後も西武は市村則紀、小田真也、橋本武広、星野智樹といった左殺しのスペシャリストの伝統を残し、他球団も左のワンポイント投手の有用性を大いに感じ、清川（広島）、遠山奬志（阪神）など、追随する多くの選手を生み出した。だがパイオニアであ

永射保現役時代（広島〜74年太平洋〜77年クラウン〜79年西武〜87年大洋〜89年ダイエー）

年	試合	勝ち	負け	防御率
72	1	0	0	—
73	20	0	0	5.29
74	14	0	0	8.18
76	45	3	4	4.11
77	49	9	10	3.33
78	14	0	3	3.27
79	63	5	3	4.12
80	56	6	3	4.43
81	61	6	3	3.14
82	42	3	4	5.93
83	42	2	1	2.41
84	48	6	4	4.11
85	33	0	1	6.90
86	5	0	0	10.80
87	39	0	0	5.88
88	27	2	0	4.26
89	39	2	0	3.07
90	8	0	1	3.86
通算	606	44	37	4.11

登板試合数の多さは「左殺し」の矜持。時に先発もこなしたが、ここぞという場面で登板するワンポイント稼業で4球団を渡り歩いた

門田博光現役時代（南海〜89オリックス〜91ダイエー）

年	試合	打率	打点	本塁打
70	79	.250	31	8
71	129	.300	120	31
72	125	.309	58	14
73	127	.310	65	18
74	124	.269	76	27
75	129	.280	85	19
76	125	.300	77	22
77	128	.313	91	25
78	106	.250	44	15
79	19	.278	17	2
80	111	.292	84	41
81	127	.313	105	44
82	107	.273	45	19
83	122	.293	96	40
84	108	.285	78	30
85	114	.272	62	23
86	123	.262	77	25
87	126	.317	69	31
88	130	.311	125	44
89	116	.305	93	33
90	119	.280	91	31
91	112	.264	66	18
92	65	.258	23	7
通算	2571	.289	1678	567

身長170cmの小柄な身体にアキレス腱断裂の大怪我というハンディをものともせず、40歳を過ぎてもホームランを連発した「不惑の大砲」。その卓越した打撃技術は東尾修（西武）や村田兆治（ロッテ）らパ・リーグのエースたちとの数々の名勝負を生み出していった

る永射ほどのインパクトを残し、かつ長く活躍を続けた選手はいない。

プロ野球の世界では、生まれ持った能力で速く重い球を投げたり、スタンドに打球をポンポンと放り込むスター選手に注目が集まるのは当然のことだ。しかし、それを実現できるような突出した身体能力を持たず、年俸も彼等の1～2割、カレンダーの表紙を飾ることもない永射のような選手がカーブという武器ひとつで相手を手玉にとる姿は痛快であった。そしてそれを誇るでもなく、淡々と仕事をこなしていく姿はまさに怪物殺しの職人であり、スターたちとは別種のダンディズムを感じさせてくれた。

プロ野球「情念の天敵対決」

球界史上最高の右バッターを封じ込める！

ミスター三冠王を手玉にとったカミソリシュート

文・鈴木良治

球界に新風を吹き込んだ、胸元に食い込む速球

落合にとって盛田は文字通り「天敵」だった。97年のオープン戦終盤に行われたナゴヤドームトーナメントを前にして日本ハムに移籍していた落合は「先発が盛田だったら出ないよ」と横浜戦を前に欠場を宣言し、「何かあったら大変なことになる。これまでのこともあるし」と43歳になる自らの体を気遣った。これまでのこととは、92年と95年に盛田から受けた死球で病院行きになった件だ。92年は3試合欠場した後、出場選手登録を抹消、オールスターも欠場し、95年は左手首打撲で、控えていた阪神との3連戦を欠場している。この死球が物語るように、激しい内角攻めがこの対決のシンボルだ。

そんな落合と盛田が死闘を演じた90年代前半は、若くてイキのよい投手がたくさん

いた。セには斎藤雅樹、今中慎二、佐々岡真司、パには西崎幸広、渡辺久信、阿波野秀幸など枚挙に暇がない。そんな中、92年に盛田は鮮やかに登場した。当時の盛田が身上としたシュートを駆使した内角攻めは、ペドロ・マルチネスも真っ青。時代は既にカミソリシュートの元祖・平松政次が姿を消し、西本聖の力は衰えていた。野球ファンには待望のシュートピッチャーの登場だった。08年からクリーブランド・インディアンスでプレーする小林雅英もシュートがキメ球だが、盛田のシュートには、例に挙げた投手にはない特徴がある。サイド気味で投げ込むため、右打者には失速せずにボールが内角に浮き上がり、ほとんどの右バッターが体をのけぞらせていたほど威力を持つ武器だった。

”強打者は投手を育てる“ことを証明した闘い

落合と盛田の丁々発止は熱い。初対決は88年の5月。落合はロッテで大活躍後のセ・リーグ移籍1年目、盛田はプロ1年目の高卒ルーキー。結果は四球だった。盛田はその後、92年の活躍までほとんどの時間を二軍で過ごし、4年間で1勝しか挙げられなかったが、90年代始め、落合は盛田の顔は見たくなかったはずだ。実に飛躍の年を挟んで、90年から94年までの4年間の対戦成績は24打数1安打、95年も5月にセンター前ヒットを放つまで、ノーヒットだった。当時の横浜はピンチで落合を迎えると盛田をマウンドに送るのが定石になっており、盛田は落合キラーとして君臨していた。

対決の極めつけは96年の4月13日、横浜×巨人1回戦。6回に川相への死球の後、盛田の速球が落合の頭をかすめた。落合は激昂、長嶋監督は「危険球じゃないか！」と球審の腕をつかみ胸元を小突いた。イニングが替わって、盛田は7回にも元木大介に当て、両軍総出の乱闘騒ぎに発展。落合は試合後「あいつはピッチャーとは思わない」と怒りを爆発させた。翌日、落合のもとを大矢明彦監督と弘田澄男ヘッドコーチが訪れ、事態は収束したが、盛田は「内角攻めが僕の身上、これで攻め方を変えたりしない」とあくまで強気だった。

その3ヵ月後、7月14日の対戦も印象深い。落合はこの日、門田博光が持つ43歳時の本塁打のシーズン記録に並ぶ18号を盛田から放った。試合中に「真っ直ぐだよ。盛田の時は早めに打たないと。長くバッターボックスにいたくないからな」と笑みを浮かべて話している。このコメントから感じるのは、ただ二人はお互いを毛嫌いしていたわけではなく、技術を駆使した真剣勝負を双方が楽しんでいたということ。そこには天敵とカモで終わらない言葉のない語り合いがあった。

その後、盛田は脳腫瘍で一時、マウンドを離れるが、克服し01年に近鉄の優勝に貢献、オールスターにも選ばれ、カムバック賞を受賞したが、盛田が戻ってきたパ・リーグに落合の姿はなかった。盛田は「今季は何か張りつめていたものが切れた中でプレーしていました」とコメントし、翌年に引退を決める。落合のいないパ・リーグには身を躍らせて胸元に投げ込みたくなる対戦相手がいなかったのだ。

97年に落合が巨人から日ハムに移籍し、後を追うように、翌年、盛田が横浜から近鉄に移籍しているのも興味深い。引退後、盛田はこう語った。「プロ野球選手として忘れられないのは落合さんです。雰囲気も技術も超一流。一軍初登板の時に最初に対戦した打者でした。それ以来、落合さんを抑えることを目標にやってきた。落合さんと勝負ができて本当に楽しかったです」。

落合によって、投手・盛田が存在していたのかもしれない。

落合博満現役時代（ロッテ〜87年中日 94年巨人〜97年日ハム）

年	試合	打率	打点	本塁打
79	36	.234	7	2
80	57	.283	32	15
81	127	.326	90	33
82	128	.325	99	32
83	119	.332	75	25
84	129	.314	94	33
85	130	.367	146	52
86	123	.360	116	50
87	125	.331	85	28
88	130	.293	95	32
89	130	.321	116	40
90	131	.290	102	34
91	112	.340	91	37
92	116	.292	71	22
93	119	.285	65	17
94	129	.280	68	15
95	117	.311	65	17
96	106	.301	86	21
97	113	.262	43	3
98	59	.235	18	2
通算	2236	.311	1564	510

東芝府中からドラフト3位でロッテに入団。レギュラーに定着した81年に首位打者。82, 85, 86年には三冠王を獲得

盛田幸妃現役時代（大洋（横浜）〜98年近鉄）

年	試合	勝ち	負け	防御率
88	3	0	0	12.46
90	7	0	0	8.05
91	26	1	1	5.02
92	52	14	6	2.05
93	22	3	2	6.39
94	46	8	4	2.48
95	57	8	4	1.97
96	28	5	9	5.43
97	32	1	7	5.31
98	32	5	1	2.91
99	1	0	0	0.00
00	3	0	0	18.00
01	34	2	0	7.06
02	2	0	0	0.00
通算	345	47	34	4.05

函館斗高からドラフト1位で大洋に入団。92年に最優秀防御率のタイトルを獲得。病気を乗り越え01年にカムバック賞を受賞

プロ野球「情念の天敵対決」

クイックモーションで福本の足を止めろ！

世界の盗塁王を阻止するために編み出した秘策！

文・山口 卓

福本の盗塁を刺さずしてホークスの優勝はなし！

南海ホークスの一時代をプレイングマネージャーとして、そして正捕手兼４番打者として支えた野村克也が、「敵として最もイヤなヤツだった」と素直に認めたのが、世界の盗塁王・福本豊だ。

野村が35歳の若さで選手兼監督となった１９７０年、福本は入団わずか２年目の23歳で盗塁王に輝く。その後、実動20年の現役生活で盗塁王を取ること13回、そして通算１０６５盗塁を奪い、当時の世界記録をも塗り替えた。

また、打者としても通算２５４３安打で名球会入りしただけでなく、ベストナイン10回にゴールデングラブ賞12回、さらに初回先頭打者本塁打の日本記録を作るなど、走攻守どれをとっても超一流の名選手であった。

かたや野村。若き頃は三冠王に輝くなど打撃面でチームに大きく貢献はしたものの、もともとそれほど肩が強い選手ではないうえ、年齢とともに盗塁阻止率も下がるばかり。それに伴うようにチームは優勝から遠ざかり、彼の監督経歴・評価は下降線を辿りつつあった。

野村南海にとって最大の天敵は、世界の盗塁王の「足」だ。しかも当時、阪急は全盛の時代。なんとかして福本の足を止めなければいけない。阪急に勝つため、南海が優勝するためには、それが絶対的な克服課題であった。

野村は考えた。いったいどうしたら彼の足を止めることができるのか。

そして、この才能ある二人によるその後の闘いこそが、後の野球界に飛躍的な進歩をもたらす結果となるのである。

野村が仕掛ける策略、それをかいくぐる福本

1972年のシーズン。入団4年目となる福本は、この頃すでにチームの中心選手として活躍していた。前年とその前の年に2年連続の盗塁王を獲得。特に南海をカモとしており、江本孟紀いわく「ノムさんのボールがセカンドに届くころには、福本さ

んはセカンドベースの上に立ってスコアボードを見ていた」というくらい走りまくった。

その72年のシーズンも福本は開幕から絶好調だった。塁に出ると必ずといっていいほど盗塁を決める。つまり、彼が出塁するだけで相手ピッチャーにプレッシャーを与えることができるのだ。中には福本が塁に出るだけであきらめるピッチャーさえいたほどで、向かうところ敵なしの状態だった。

だが、この福本を止めるがために執念を燃やす、数々の男たちが彼の前に立ちはだかる。その中の一人が野村だった。

既に前年あたりから野村の頭の中に〝福本対策〟はいくつかあり、実際の試合でもそれを実践していた。

その第一の対策というのが、野村お得意の「ささやき戦術」である。

野村は福本がよく飲みに行くキャバレーで、彼がいつも指名するホステスの名前を調べ上げ、それを打席に立った福本の耳に聞こえるようボソッとささやく。

「キャバレー○○の□□ちゃんを、あんまり泣かせたらあかんでぇ……」

しかし、これがあまり効果なしと判断するや、今度は福本が奥さんに「豊ちゃん」と呼ばれており、意外にも恐妻家だということを知るや、打席の福本に対して「豊ちゃ〜ん」と声音を変えてささやいたりもした。福本曰く「あれが一番効いたわ。カク

〜ッとなった」という。

だがこのささやき戦術も、福本が塁に出てしまえば後の祭り。盗塁を阻止するには何の役にも立たなかった。

次に野村が試みたのは、福本が一塁ランナーのとき、次打者に対して真っすぐばかりを投げさせる、という手だった。

コンマ何秒とはいえ、少なくとも変化球よりは早くボールが捕手の手元に届く。それで福本の足を止めようとしたわけだが、その配球を打者に見抜かれてしまっては意味がない。いとも簡単に真っすぐをはじき返され、さらにピンチが広がるケースが多くなり、結局その作戦もあきらめざるをえなかった。

その後も野村は福本の盗塁を阻止するために、「塁間に水や砂を多めに撒く（メジャーでもイチロー対策として相手チームがこれをやった）」「牽制で悪送球させ、わざとスタートさせて二塁で刺殺する」「牽制球を福本の足めがけて投げさせる」「セットポジション時の投手のクセをなくさせる」など、さまざまな案を実行に移してはみるものの、結局どれも長続きはせず、すぐに通用しなくなってしまった。

困り果てた野村は、「1番打者である福本の前のピッチャーを敬遠して塁を埋める」という苦肉の策を思いつき、それを実行したこともあるが（当時のパ・リーグにはまだDH制がなかった）、歩かせたその投手に盗塁されてしまうという本末転倒の結果となり、これも不発に終わってしまう。
かくして72年のシーズンも福本の足は止まることなく、当時の世界記録更新となるシーズン１０６盗塁という大記録を樹立した。

福本 豊現役時代（阪急）

年	試合	打率	打点	盗塁
69	38	.282	4	4
70	127	.274	41	75
71	117	.277	45	67
72	122	.301	40	106
73	123	.306	54	95
74	129	.327	52	94
75	130	.259	51	63
76	129	.282	46	62
77	130	.305	54	61
78	130	.325	34	70
79	128	.288	67	60
80	128	.321	58	54
81	130	.287	48	54
82	127	.303	56	54
83	130	.286	59	55
84	130	.258	41	36
85	130	.287	51	23
86	130	.264	29	23
87	101	.287	33	6
88	92	.253	21	3
通算	2401	.291	884	1065

83年、大石大二郎に破られるまで13年連続パ・リーグ盗塁王。通算盗塁数だけでなく、通算三塁打、通算初回先頭打者本塁打、ゴールデングラブ賞12回など数々の日本記録も持つ

クイックモーションは弱肩の野村が編み出した

少年時代からノンプロ時代にかけては誰よりも足が速かった福本だが、プロの世界に入ってみると、飛び抜けて速かったわけではない。同じチームの足の速い選手との短距離走でも負けていたというエピソードさえある。

では、なぜそんな福本が意のままに盗塁することができたのか。そこには試行錯誤を続ける求道者の姿があった。

もともとアマ時代から福本の頭の中には「投手のクセさえ見抜くことができれば盗塁は成功する」との考えがあり、プロ入り2年目のオフから8ミリカメラを導入。それを用いてさまざまな投手の投球動作を撮影し、そして自分なりに各投手のクセを徹底的に分析していた。

現役引退後、彼はこう語っている。

「手足はもちろんのこと、あごの角度、眼の微妙な動きまで、投手のクセは必ずどこかに出ている。特に背中は一番わかりやすい。どの投手も打者に投げるときは無意識に筋肉がこわばるから、その瞬間にスタートを切ればいい」

投手からすれば背筋の寒くなるようなこの凄まじい観察眼こそが福本の持ち味であり、そこへ行き着くまでの努力の深さと戦略、探究心で超一流の世界に登り詰めたのだ。

一方の野村もデータ野球に関しては負けてはいない。若い頃から打席で投手の動きを徹底的に分析し、どういう動作のときにどういう球がくるかというクセを常に頭の中に蓄積。さらに配球の傾向を多くのデータから解明し、それを自身の打撃に生かしていた。

また、今では当たり前とされる「逆算のピッチング」も捕手野村が最初に始めたものであり、同じように「投手の分業制」も彼の発案によるものである。これほどの洞察力と分析力を持った人間は、当時のプロ野球界には存在しなかった。

１９７３年、この年パ・リーグは初めてシーズンを前期と後期に分け、プレーオフ制度を導入した。

この年のキャンプインの段階で、野村は福本の盗塁に関してあるひとつの結論に達していた。

「この韋駄天男を封じ込めるのは、捕手の力だけでは無理。投手のモーションを変えるべきだ！」

野村は投手陣を集めてこう言った。

「まずは塁に出さないこと。それがダメなら小さいモーションで投げろ」

現代野球では常套手段である「クイックモーション」の誕生の瞬間であった。今でこそクイックモーションなど当たり前だが、その当時としては画期的な戦法だった。なぜなら、それまで存在すらしなかった概念だからだ。

当時の野球はまさしく力と力の対決であり、盗塁されるのは捕手の肩が弱いから……と、すべての責任が捕手に課せられていた。力と力の対決なら、絶対的に力が上回る方が勝つに決まっている。それならば相手を研究し、対策を練ることで勝つ可能性を少しでも高める——。これが野村の持論でもある「シンキング・ベースボール」である。

当初、このクイックモーションは味方投手陣からさえ反発を食らったが、シーズンで使ってみると福本の足がピタッと止まった。それまでにない投手の速い投球動作に、さすがの福本も自慢の勘を狂わされたのだ。

こうしてこの年のシーズン前期は南海が優勝。野村の編み出した策が見事にハマった勝利でもあった。

プレーオフで阪急に快勝「摺り足」で福本を抑えた

ところが後期シーズンを迎えると、南海はまたまた福本に走られまくる。前期こそ投手のクイックがある程度成功し、そこそこ抑えることができたのだが、後期に入ると、それにも完全に慣れられてしまったのだ。

いくら投手がクイックモーションをしても、クセが完全になくなるわけではない。最初のうちこそ戸惑いを見せた福本だが、それを見破るや、やすやすと盗塁を決めてくる。野村の方も投手陣にクセを矯正させ、さらにクイックのパターンを変えて応戦。

野村克也現役時代（南海〜78年ロッテ 79年西武）

年	試合	打率	打点	本塁打
54	9	.000	0	0
56	129	.252	54	7
57	132	.302	94	30
58	120	.253	79	21
59	132	.263	78	21
60	124	.291	88	29
61	136	.296	89	29
62	133	.309	104	44
63	150	.291	135	52
64	148	.262	115	41
65	136	.320	110	42
66	133	.312	97	34
67	133	.305	100	35
68	133	.260	99	38
69	106	.245	52	22
70	130	.295	114	42
71	127	.281	83	29
72	129	.292	101	35
73	129	.309	96	28
74	83	.211	45	12
75	129	.266	92	28
76	119	.273	57	10
77	127	.213	58	16
78	64	.226	12	3
79	74	.222	22	5
80	52	.217	14	4
通算	3017	.277	1988	657

1965年に戦後史上初となる三冠王を獲得。最も過酷なポジションと言われる捕手であることを考えると、この記録はさらに輝きを増す

まさしく両者の「化かし合い」である。

こうして「野村ＩＤ」と「韋駄天男」のセカンドベースをめぐる陣取り合戦が行われたシーズン後期は阪急が優勝。しかも南海は阪急にまったく勝てず、1分12敗と惨たんたる結果に終わる。福本ひとりの足にやられたようなものだ。

両者がぶつかったこの年のパ・リーグプレーオフ。野村は味方の投手陣に対して、シーズンより速いモーションの「摺り足」クイックを要求する。そして、この摺り足の得意な抑えの佐藤を、抑えではないところで使うことによって阪急の機動力を阻止。これによって福本は大事な場面で塁上に釘付けにされてしまい、結局１・３・５戦を取った南海が7年ぶりにリーグ制覇した。野村の言葉を借りれば「俺の野球人生で最も計算どおりいった5試合」だったという。

ただ、この年、実際にクイックモーションによって野村が福本の盗塁数を減らしたかというと、１４７ページの表を見る限りでは減っているようには思えない。逆に考えると、もしクイックモーションがなかったらどれだけ盗塁記録が伸びていたのかに興味が湧いてくる。

その後、クイックモーションは少し時間をおいてセ・リーグにも伝播し、当時盗塁王の常連だった柴田勲の盗塁数を激減させることにも成功している。

引退後、野村は福本の走塁について次のように語っている。

「福本っちゅう男は野球を変えたね。昔は走られっぱなしだった。ここは走ってくると思って外すと走らない。走らないと思ってストライクを放らせると走られる。いつもこの繰り返しだった。俺はあいつに鍛えられたよ」

プロ野球のクイック技術と盗塁技術を大きく発展させたのは、間違いなくこの二人である。福本と野村という二つの才能が、たまたま同じ時代、同じ場所、しかも敵同士として闘ったことにより、日本の野球は大きく変貌した。

ある分野の同時期に才能を持った人物が二人以上登場すると、その分野は飛躍的に進歩すると言われているが、次に野球界に飛躍的な進歩がもたらされるのは、いったいどんな選手が登場した時なのであろうか。

インタビュー　プロ野球「情念の天敵対決」

天敵を凌駕した世界の盗塁王

福本 豊 インタビュー

インタビュー・山口卓

韋駄天の足を警戒し野村が編み出したクイックモーション

――今回は「天敵対決」というテーマでいろいろお話をお聞きしたいと思っています。まず、福本さんの現役時代、最大の天敵は誰でしたか?

「そりゃ、やっぱりノムさん（注：野村監督）やね。僕のリードをいかに小さくするか、いかにスタートを遅らせるかということで、いろんなことやってきたからね、あの人は」

――その代表的なものが、投手のクイックモーションですね。

「そやね。それまでの野球界にはそういう概念自体がなかったからね。なんぼ一塁にランナーがおってもピッチャーがゆっくり足上げてホームに放るから、走るのも簡単やった」

――初めて南海の投手陣がクイックモーションを使ってきたとき、福本さんはどう思われました？

「いや、そりゃ最初は面食らったよ。ちょっと度肝抜かれたね。なんせホームに投げるときに小さいモーションでサッと投げるからね。初めの頃はスタートのタイミングが遅れて、けっこう殺されましたよ」

――クイック以外にも野村監督はいろいろ仕掛けてきましたよね。

「僕が盗塁して二塁に滑り込むときに、よう足目がけて投げてきてましたよね。あんまり当たったことないけど」

――福本さんの前を打つ投手をわざと歩かせたこともあるとか。

「そうそう、ツーアウト走者なしやったらわざと前のピッチャー歩かせてね。ランナー一塁で僕と勝負してたね」

――でも、それは南海にとって自らリスクを背負うことになりますよね。

「そやね。でも、それよりも僕に走られるのがイヤやったんちゃうかな。僕が一塁に出て、走るぞ、走るぞと牽制することによってピッチャーも野手もリズム狂うからね。それを避けたかったんでしょ」

二死走者なしの場面で打席の投手を敬遠あえて福本と勝負！

――そうまでして福本さんの足を警戒してたんですね。

「それもあるやろけど、ピッチャーでスリーアウトになると、次の回の攻撃は僕から始まるわけやから。それやったらピッチャー歩かしてでも僕と勝負した方がええと判断したんやろね。仮に僕がそこでヒット打って一・二塁になっても盗塁の心配はないし、牽制も要らんからね、二塁ランナーはピッチャーやし、3番がヒット打ってもホームには戻って来れへんから」

――野村さん以外で「こいつにはやられたな」という捕手はいますか？

「いいキャッチャーはいっぱいいましたよ。特に梨田なんかは肩も強かったしね。でも彼にはあんまり殺されてへん。やっぱりノムさんとやったときの方が、よう殺されてるんちゃうかな」

――それはやっぱりピッチャーとの連携でしょうか？

「そやね。どんだけキャッチャーの肩が強くても、ピッチャーのモーションさえ盗んだら成功する確率高いからね。その点、あの頃の南海のピッチャーはそういうのが巧かった」

――福本さんがモーションを一番盗みにくかった投手は誰ですか？

「南海に山内孝徳っていうピッチャーがおってね、彼は難しかったね。それとシーズンでは戦ってへんけど、日本シリーズでやった堀内かな。彼はなかなかクセが見つからへんかって苦労したね。彼がナンバーワンやと思う」

他の選手に先駆け相手投手のクセを8ミリカメラで研究

——その2投手は、他の投手と比べて何が違ったんですか?

「2人とも自分のリズムで投げられてたね。そのぶん僕がリズムを狂わされてたんやけど。2人とも牽制のターンが速いし、ホームに投げるときもクイックでピュッと放るしね。牽制でも自分のリズムやターンを3つくらい持ってて、それをいろいろ組み合わせて使ってくるからね。ちょっと難しかった」

——福本さんは投手のクセを見抜く天才だと言われてましたが、一度対戦するとクセは見抜けるものなんでしょうか?

「いや、一発ではなかなかわかりませんよ。だから初めてのピッチャーのときはわざとリード大きくして牽制さすんです。そうやって牽制してくれてるうちになんとなくわかってくるからね。一番大事なのは、自分のリズムでランナーになることやから。ピッチャーに合わせたら僕の負け、ピッチャーのリズムが狂ったら僕の勝ち。だから何回も牽制放らせて自分のリズムを作るんですよ」

――8ミリカメラを使って投手のクセを研究していたとか。

「やっぱり肉眼で見るのとは違うからね。8ミリカメラで繰り返し見てたら、あれ？これさっきと違うぞ、と気づくわけですよ。牽制放るときとホームに投げるときの違いとか、球種によっても微妙に違うしね。どんなピッチャーにでもそういうちょっとしたクセというか違いはあったね」

広瀬叔功さんは神様。刺激を受けるどころか雲の上の存在だった

――当時、福本さんと同じように8ミリを使って研究している選手は他にいたんでしょうか。

「いや、おらんかったでしょ。それが答えちゃうかな。誰もやってへんことを先にやったから良かったんやろね」

――福本さんが盗塁に関して刺激を受けた選手というのは誰かいましたか？

「巨人の柴田さんやね。巨人やからテレビにも映るし、やっぱりよう目立つしね。だから柴田さんが一個走ったら僕は二個走ったろ、と思てたね」

――南海の広瀬選手ではなかったんですね。

「僕らから見たら、広瀬さんは神様やもん。僕がノンプロの松下入った頃にはもう南海でバリバリ活躍してた人やから。当時の松下の監督が僕に『お前はノンプロの広瀬になれ』ゆうて背番号12番くれたくらいやからね。練習終わった後に、広瀬さん見るためによう大阪球場行ったりしたけど、もう全然次元が違うというか、そういう刺激を受ける云々の話じゃなかった」

——しかし福本サンがプロ入りしてからは、その広瀬さんともライバル球団で戦うようになりました。

「いや、プロに入ってからもそれは一緒よ。相変わらず雲の上の存在やったね」

——その阪急に入団した1年目の盗塁数は4。しかし2年目にいきなり75盗塁へと増えてます。何か秘密の特訓でもあったんでしょうか。

「何もあらへんよ。普通にバッティングの練習だけして、それでちょっと打てるようになったから試合に出してもらえるようになっただけのこと」

——普段の練習やオフの間、盗塁の練習はされなかったんですか？

「バッティングやピッチングは練習でもできるけど、盗塁は試合のときしか練習になれへんからね。それよりもバッティングの練習せんと塁に出れへんわけやから。入団1年目なんか思たもんね。こんなお客さんがいる前で、俺なんかが野球やっててええんかいなと。まさか自分がプロ入るなんて思てなかったし、実際に入ってからも、ホンマにえんかいなとずっと思てた」

盗塁のカギはスタート。モーションさえ盗めばそれほど難しくない

――20年の現役生活を送られたわけですが、その中で「盗塁が難しい」と思われた時期はありますか？

「難しいと思ったことはないね。ただ、1年目はスタートをよう切らんかった。ピッチャーのモーションとキャッチャーの肩と自分の足を比べてみて、走ったら絶対にセーフになるのがわかってるのに、なぜかスタート切れへんかったね。『失敗、怖がるな！』ゆうて、よう西本さんにも怒られたし、『盗塁の練習してこい！』ゆうて二軍に落とされこともあったわ」

――やっぱり盗塁はスタートですか。

「盗塁するのに大切なのはスタート・スピード・スライディングの3つやゆうけど、僕に言わせたらやっぱり盗塁はスタートがすべてやからね。そこそこの足持ってて滑れるんやったら、あとはいかにタイミング良くスタート切るかだけやから。ピッチャーのクセさえわかってモーション盗めたら、もう走る前から答えが出てるようなもんや」

――最後にひとつだけお聞きしたいのですが、もし福本さんの天敵であった野村さん

があの時代、同じパ・リーグにいなかったとしたら、福本さんの通算盗塁数、盗塁技術はどうなっていたと思われますか。

「どうなってたやろね。でも、ノムさんがいろいろやってくるから、僕もそれに負けんようにいっぱい考えさせられたことだけは確かやね。とにかく野球の好きな人やし、いろいろアイデア出してくる人やからね。ノムさんが相手チームのキャッチャーやったからこそ、僕の盗塁技術も進歩したんやと思う。もしノムさんがおらんかったら、クイックモーションなんかが生まれるのも、もう少し後の時代になってたんちゃうかな」

球史に残る戦術を披露した偉人たち

プロ野球・名珍作戦列伝

文・木崎貴史

ブラウンならではの珍采配！　しかし、意外な落とし穴が…
2006年4月22日　中日対広島戦

まさにそのとき、広島は追い込まれていた。同点の延長12回表、一死満塁。外野に打球が抜けたら、決勝点を献上することになるだろう大ピンチである。

そのとき、スタンドがにわかにざわめき始めた。なんと、内野手が5人いるのだ。センターの福井が二塁ベースのすぐ右に陣取り、外野は広瀬と嶋の二人だけ。もう一点もやれないというブラウンの覚悟がにじみ出た、攻撃的な守備である。

このシフトの意味するところは、三塁走者の英智と打者の井端が俊足であり、一、二塁での併殺が難しいと判断したからだそうだ。内野ゴロを打たせ、本塁封殺を狙ったわけである。こういったケースを想定し、広島はシフトの練習もしていたという。

それにビビったのか、井端は三塁ゴロで、三塁ランナーはフォースアウト。まさに奇襲大当たりである。

ところがである、二死として通常の守備隊形に戻したその直後、思わぬ事態が発生する。打者・福留に対する2球目、キャッチャーの倉がまさかのパスボールで決勝点を献上。さらには2点タイムリーを放たれてしまったのだ。

「見ていた人は楽しんだだろうね」と振り返るブラウンだが、投手8人をつぎ込んだ総力戦での敗退は痛かったはずだ。かつての赤ヘル旋風のような広島を見られるのは、まだまだ先のことかもしれない。

二兎を追うものはなんとやら　一人二役の珍ピッチャー
近田豊年（南海）

まるで鏡を見ているようだ。さっきまで左で投げていたピッチャーが、その左手にグラブをはめている。遠山と葛西を一人で受け持つ、唯一のスイッチ・ピッチャー近田豊年。彼のために、左右どちらでも使える「6本指グラブ」も作られた。

そんなことになったのは、左利きであるにも関わらず、左用のグラブを持っていなかったからだ。最初に右で野球を覚え、後に左をメインにしたという。

ここで問題になったのが、彼とスイッチヒッターの対決である。どちらで投げるかわからないのは打者に不利ということで、先にどちらの腕を使うかを伝えるという申し合わせができたそうだ。

誰もが認める強打者・桑田！　これぞホントの代打の神様だ
２００２年６月19日　巨人対横浜戦

あの清原が一目置いていたほど、高いバッティングセンスを持っていた桑田。彼が登板の日は、相手ピッチャーもまったく気が抜けなかったに違いない。本人もバッティングが好きなことを公言していて「打率２割５分、ホームラン10本」と目標をあげていた年もあった。

かつて江本孟紀が、桑田の代打に大森を出した際「代打だったら、桑田より打てるバッターを出さなきゃ」と呟いたことがあったが、まさに事実である。

この日、延長11回、ノーアウト一塁の場面で代打に起用。一点を争う場面だけにバントかと思ったが、普通にヒットを飛ばした。まさに最高の切り札である。

スキあらば本塁を盗み取る！　西武黄金時代を支えた名脇役

　1987年、西武が3勝2敗と王手をかけてのぞんだ日本シリーズ第6戦。8回の裏にその名場面はやってきた。

　この回、二死から打席に立った辻は、レフト前ヒットで塁に出る。打順は、当時、全盛期だった秋山にまわり、センター前ヒットを放った。西武に一、二塁のチャンスが訪れる…と誰もが思ったはずだった。

　ヒット・エンド・ランでもなかったのに、辻は三塁を狙っていたのだ。しかし、巨人のセンターであるクロマティは、そんな警戒などまったくすることなく、ショートの川相に力なくボールを返すだけ。辻はまんまと三塁を手に入れた。

　だが、辻はスピードをまったく落とすことなく三塁ベースを蹴り、そのまま本塁へ突入。焦った川相の送球がそれ、辻はそのままホームインとなった。この勢いに乗って、西武は日本一となるのである。

賛否両論！　中日・落合監督オレ流采配の真実

落合というのは、この球界の異端児だ。自分の野球理論を崇拝し、ほかの声をまったく取り上げようとしない頑固な男。ときには、それはファンの不信すら呼び込むことがある。

その最大のものといえば、中日の監督に就任した最初の公式戦だろうか。開幕ピッチャーに、ＦＡ移籍以来、故障で4年もの月日を棒に振った川崎を起用。球場内は驚きとも怒りともつかない嘆息に包まれた。この外様の男、かつて巨人に行った裏切り者、いったい、中日をどうしようというのか。そんなファンの声すらも聞こえてきた。

そして、落合とは秘密主義でもあるのだ。選手の故障や、一軍メンバーの入れ替えについても、ほとんど情報を出そうとしない。落合は指揮官として戦うことだけを念頭に置いている。ファンのこと、マスコミのことなど、まったく気にしていないようだ。

それでも落合は冷酷に勝利を追い求めた。その象徴は、07年の日本シリーズ第5戦だろう。8回までパーフェクトを続けていた山井を岩瀬にスイッチ。これには非難が集中した。史上初の快挙を前にしても、落合はマイペース。ここまで頑固な指揮官は、これまでに存在しないのではないだろうか。

落合は結果を求める男だ。そして、よい結果を出したとたん、彼はその素顔を覗かせる。ファンの前で、心から喜び、泣きじゃくる。まったく難しい男だ。

だが、こういう男が一人くらいいてもいい。オレ流野球がこのプロ野球界をかきまわしているのはまぎれもない事実だ。

プロ野球
「情念の天敵対決」

Professional Baseball
Natural enemy confrontation of pathos

番外編

日の丸を背負ったサムライたちに猛然と襲いかかる
海外の天敵たち

海を渡りメジャーリーグに挑んでいった日本人。
日の丸を背負い国の威信を懸けて闘うオールジャパン。
敢然と立ちはだかる海外の天敵に辛酸を舐めさせられてきた
サムライたちの胸中は穏やかではなかった。

プロ野球「情念の天敵対決」

番外編 #1

侍メジャーリーガーが翻弄された強敵たち!!

海を渡り世界最高峰のメジャーリーグに挑んでいるサムライにも天敵が! 日本が誇る天才たちの前に立ちはだかる屈強なＭＬＢ選手とは……。

文・鈴木良治

サイ・ヤング男が立ちはだかった高い壁

２００１年、イチローのメジャーリーグ・デビューイヤーの派手な活躍の裏でクレメンスは20勝3敗の見事な成績を残し、六度目のサイ・ヤング賞に輝いている。３００勝を目前にしたクレメンスはイチローを1年目から翻弄し、01年から06年までの６年間は20打数2安打で、打率・１００に抑えた。毎年、２００本以上ヒットを放つ打者に対して、この数字はやはり特別といえる。通算で三振は2つと少ないが、クレメンスがアストロズに移籍するまでの3年間、イチローはクレメンスをほとんど打てなかった。数字が示すとおり、同じリーグでも地区が違うため、1シーズンごとの対戦打数は一桁。イチローのポテンシャルをもってしても、攻略する糸口をつかむ満足な機会を持てなかったことが悔やまれる。

ただ、進化し続ける男はやられ続けているわけではない。04年のオールスターゲームでイチローはナ・リーグ先発のクレメンスからフェンス直撃の二塁打を放っており、07年は06年までの〝イチローはクレメンスが苦手〟というイメージを一気に覆した年になった。9月4日のヤンキー・スタジアムでは逆にイチローがクレメンスをカモにし、3打数3安打1本塁打2打点とロケットを粉砕、クレメンスをマウンドから引きずりおろした。3打席ともクレメンスの生命線であるストレートを打っており、2打席目のホームランは引っ張って右中間のスタンドに放り込んでいる。イチローが「何かをつかんだ」と公言した07年のシーズン、クレメンスとの対戦は大いにその〝何か〟を窺い知ることができるシンボリックなものになった。

やがて名勝負になる予感が詰まった天敵対決

173ページの対戦成績を見て、もっと多く対戦している松坂の天敵がいるのでは？　と感じる方がいるかもしれない。よって、ここで数字の信憑性を裏付けておく。メジャーリーグ移籍1年目の松坂が07年の全登板35試合の中で最も多く登板したのがデビルレイズ（現レイズ）戦で5試合。4試合登板しているのがジアンビを擁するヤンキース、ブルージェイズ、地区が違うインディアンス。同地区でもオリオールズ戦には2試合しか登板していない。メジャーは全30球団あり、1シーズンで20回以上同じリーグのチームが対戦する日本と違って、投手と打者の同じ顔合わせというのは実に機会が少ない。また、メジャーでは投手が完投することはまれで、球数の制限もあり、1試合に同じ打者と4回対戦することは少ない。

そんななか、07年に松坂はジアンビと10回対峙している。初対戦は松坂のメジャー登板4試合目の4月23日、フェンウェイ・パークでのヤンキース戦。7回0／3で6失点し降板したが、味方打線に助けられメジャー2勝目を挙げている。この試合では1回にいきなり5番打者のジアンビに2点タイムリー二塁打を浴び、3回には二死をとった後にライト前に軽打され、また失点。残る打席はキャッチャーフライ、サードフライに打ち取ったが、6失点の半分をジアンビによってたたき出されてしまった。

次の対戦は4月28日、舞台はヤンキー・スタジアム。6回で4失点するも3勝目をマークし、松坂が運の強さを見せつけた。ジアンビに対しては2打数1安打、1四球。間を置いて8月29日に松坂はヤンキース戦に登板しているが、ジアンビは欠場している。07年のシーズン、ジアンビと松坂の最後の対決となったのが9月15日のフェンウェイ・パークだ。松坂はリードを守り、6回途中2失点でマウンドを降りたが、岡島秀樹らリリーフ陣が打ち込まれ、8－7でヤンキースの逆転勝利となった。ジアンビからはシーズン初の三振を奪うも、2四球を与えている。結果、07年の松坂は対ヤンキース戦4試合を2勝1敗と健闘したが、自責点17とずいぶん打たれた。中でもジアンビには7打数3安打、3打点、3四球とメジャーの洗礼を受けた。ただ、主力のアレックス・ロドリゲスを8打数1安打、5三振、松井秀喜に対しては3試合でヒット1本におさえている。

スター集団のヤンキースの場合、強打者が続いた後にジアンビと対戦しなくてはならない。この条件を考えると、これだけやられるのも無理はないと思うが、このプロレスラーのようなスラッガーに対してホームランは1本もなし、初対戦以降は打点を献上していない。明らかに天敵・ジアンビに対して、対戦を重ねるごとに松坂は進化していった。08年以降はジアンビが松坂の天敵だったことなど、皆、忘れてしまうはずだ。

イチローVS R・クレメンス
（マリナーズ）　（レッドソックス〜ブルージェイズ〜ヤンキース〜アストロズ〜ヤンキース）
通算対戦成績
23打数 5安打　打率.217

長年、煮え湯を飲まされてきたイチローも、記念すべき7年連続200安打をクレメンスからホームランで記録。この対決は08年から新たなステージを迎えることだろう

松坂大輔VS J・ジアンビ
（レッドソックス）　（アスレチックス〜ヤンキース）
通算対戦成績
7打数 3安打 3打点 3四球

3試合で下位打線のジアンビと10回対戦できたのは松坂が1年目にして奮闘した結果。ぶんぶん振り回してくるジアンビが松坂に対してはミートに徹していたのも印象的だ

番外編 ＃2

国際大会で日本代表と死闘を繰り広げた強豪国

文・石埜三千穂

シドニーの屈辱をバネに、ついにプロチーム結成！

野球の国際大会の歴史は、さほど古くない。84年ロサンゼルス五輪で公開競技として採用されたのが始まりで、92年のバルセロナ五輪で正式競技化、しかしこの時点ではプロ選手の参加は認められていなかった。

事態が動いたのは、00年のシドニー五輪。プロ選手にも門戸が開かれ、木製バットの使用が義務付けられた。しかしながら、プロリーグと五輪の両立にはなにかと難しい問題が多く、この時点でアメリカはメジャーリーガー不参加、日本も一部プロ選手を送り込みはしたものの、アマ中心の合同チームでの参加となった。この時参加したプロ選手には、ジョニーことロッテの黒木、若き怪物・松坂、中村紀、田口らがいた。

アマとして参加したアトランタからの連続出場となった松中は、まだようやくホークスのレギュラーに定着したばかりだった。だが、この大会で日本は屈辱的な敗北を喫する。予選で苦汁をなめたキューバ相手に準決勝でも敗れ、メダル獲得に後がない日本は、韓国との3位決定戦のマウンドに松坂を送り出す。だが、具臺晟との息詰まる投手戦の結果、イ・スンヨプの2点適時打に屈し、結局日本は、五輪野球初のメダルなしに終わったのである。だが、これにより日本球界は五輪に本腰を入れ始める。プロ球界の全面的協力（1チームから2人までという制限はあったが）を得、長嶋茂雄監督のもと、04年アテネに向けてそうそうたる顔ぶれのオールプロチームが編成された。

満を持して迎えたアテネ五輪、日本が世界に誇るオールスターチームは、豪州相手に1敗こそ喫したものの予選を1位で通過し、準決勝へと駒を進める。だが、現実はそう甘くなかった。そこで再度、豪州が日本の前に敢然と立ちはだかったのである。

豪州出身のアメリカ3A選手を中心に構成される豪州チームは、もとより強豪ではあった。が、正直、誰も負けるとは思っていなかっただろう。投手戦となったこの試合、終盤で大きな役割を果たしたのが、当時の阪神のリリーフエース、その後球界最強救援陣JFKの一角を占めるジェフ・ウィリアムスであった。日本の打者の特徴を知り尽くしたウィリアムスに日本打線は完全に抑え込まれ、結局、0－1で敗れた。

準決勝敗退という厳しい結果。それでも日本は気を取り直し、3位決定戦でカナダを圧倒、銅メダルを獲得する。

だが、まさにこの時点で、五輪の金メダルは日本球界の悲願となったのである。国際舞台では本腰を入れてこないアメリカは別として、アマチュアチーム時代に苦しめられたアジアのライバル・韓国。世界の壁となって立ちはだかる野球王国のキューバ。しかし豪州は、日本にとって全くの伏兵であり、それだけに敗戦によるショックは大きかった。

残念ながら北京五輪はメダルなしに終わり、五輪から野球が外れたことで日本の金メダルはさらに遠のいてしまった。次に、アメリカ主導で開催された新たな国際大会、ＷＢＣ（ワールド・ベースボール・クラシック）のことを振り返っておくことにしよう。

ついに、メジャーリーガーが国際舞台に立つ時がやってきたのである。

メジャーリーガーとのガチンコ対決が実現！

野球というスポーツは、そのフィールドの特殊性、多くの用具を必要とすること、そして複雑なルールがネックとなって、国際的な普及が思うように進んでいない。ロンドン五輪で正式競技から外されることが決定したのも、そうした国際情勢が大きく影響している。なればこそ、野球先進国が協力して国際大会を開くなど、世界をリードしていく必要が叫ばれている。五輪には冷淡な大リーグが重い腰を上げたのも、そうした理念あってのことだ。だが現状は理想にほど遠く、アメリカ、日本に有利すぎる、さまざまな問題が指摘された。それでも第1回が開催されたという事実は大きい。

さて、WBCにおける日本のライバルは、第一にアメリカ。ただし、メジャーリーガーを揃えてきたアメリカチームは文句なしの優勝候補であり、格上ゆえにライバルという認識にはなりにくい。まずはメジャーリーガーも含むプロで固めた韓国、アテネで苦しめられた豪州、アマ大会時代からの強敵キューバといった相手との戦いがポイントになってくる。

しかしここでもまた、思いがけぬ事態が日本チームを待ち受けていた。そう、記憶に新しい、対韓国戦2連敗である。イチローをして「F＊＊K！」と叫ばせたこの連敗は、大きな痛手だった。

韓国チームはもはや格下ではないのか？

それでも、1次予選の1敗の時点ではさほど問題はなかったのだ。2次予選にさえ進めばいいのだから。そんな思惑通り、チャイニーズタイペイ、中国とのリーグ戦を、韓国と日本は順当に勝ち上がった。しかし2次予選、日本のファンは心中おだやかではなくなっていく。まず、日本が惜敗したアメリカに、韓国が完勝。そして韓国に連敗となる2敗目を喫した時点で、決勝進出が絶望的となったのだ。

確かに、対日本となると韓国は猛烈な闘志と集中力を発揮してくる。だが、イチローまで呼び戻した最強チームでの2連敗。朴賛浩、全炳斗らの投手陣を打ち崩すことができず、力の入ったゲームで競り負け。このショックは、あまりにも大きかった。

大会自体の結果を見れば、日本は確かに優勝した。アメリカがメキシコに負け

韓国代表VS日本代表 五輪・WBC対戦成績

00年 シドニー五輪			
予選リーグ	韓国	7-6	日本
3位決定戦	韓国	3-1	日本
06年 WBC			
1次リーグ	韓国	3-2	日本
2次リーグ	韓国	2-1	日本
準決勝	韓国	0-6	日本
07年 北京五輪予選			
第2戦	韓国	3-4	日本
08年 北京五輪			
1次リーグ	韓国	5-3	日本
準決勝	韓国	6-2	日本

オーストラリア代表VS日本代表 五輪対戦成績

04年 アテネ五輪			
予選リーグ	オーストラリア	9-4	日本
準決勝	オーストラリア	1-0	日本

キューバ代表VS日本代表 五輪・WBC対戦成績

00年 シドニー五輪			
予選リーグ	キューバ	6-2	日本
準決勝	キューバ	3-0	日本
04年 アテネ五輪			
予選リーグ	キューバ	3-6	日本
06年 WBC			
決勝	キューバ	6-10	日本

るという大番狂わせで日本に決勝進出のキップが転がり込み、三度目の正直で韓国を下した日本は、勢いに乗って決勝でキューバに打ち勝った。だが、決して心底喜べる優勝ではなかった。韓国側にしてみても、敗退の無念さよりも満足感が勝る結果だったのではないだろうか。まあ、それをいうなら一番悔しい思いをしたのはアメリカで、これはもう、ナメていたとしかいいようがない。次回WBCでは、今度こそ本気になったアメリカと戦えるのではないだろうか。と同時に、日本としては、韓国をもはや格下と見ることはできなくなったという事実を受け入れ、対策するべきだろう。

とはいえ、韓国のプロリーグ全体を見れば、まだまだ日本のレベルには達していないといっていい。なにが違うといって、選手層の厚みが全然違う。だが、それが選抜チームとなればどうだろう？　戦術と守備のレベルは遜色ない。メジャーでも通用するトップクラスの投手たちもまた然り。ホームランバッターを8人並べても強いチームはできないし、いくら守備がいいからといって、井端と宮本を同じショートで併用することはできないのだ。そして、そこが野球の面白さでもある。

サッカーW杯に匹敵する五輪アジア予選の緊張感

いずれにしても、国際試合が選手の、野球の質を高める最上の切磋琢磨の場であることを私たちは思い知った。WBCだけではない。07年の五輪アジア予選のことも思い出してほしい。選手たちの誰もが「かつて経験したことのないプレッシャーを感じた」といい、その姿を見つめる私たちは、成瀬が、涌井が、新井が、サブローが、あの短い期間の中でみるみる成長していくのを感じられたはずだ。

たとえば宮本という選手の数字には表れない部分での老成、上原という投手の凄味、いずれもかけがえのない大舞台の経験の中で培われた部分が間違いなくあるのだろう。観戦者にまでリアルに伝わってくるその緊張感は、サッカーW杯のアジア予選にも匹敵していた。

プロ野球「情念の天敵対決」

金だけもらって働かないヤツ大集合！

12球団スカタン外国人No.1決定戦！

文・櫻井オーストラリア

史上最低の愛$（アイドル）を探せ！

チームの運命を左右するといっても過言ではない助っ人獲得の成否。大金払って日本に呼んだらこいつがとんだ食わせもの……。積み重ねられた失敗を振り返って、あの時の怒りを思いだそう！

スカタンなヤツは星の数ほどいる。収拾がつかないのでまずは、各球団の代表選手を勝手にエントリー。（　）内の数字は入団年度。便宜上、元近鉄所属の選手は楽天にまとめさせて頂く。

パ・リーグ

北海道日本ハムファイターズ	スノー(74)	次点カンポス(94)	4月分の給料だけもらって行方不明…探したら実家に帰ってたスノー。ニートの学生じゃないんだから…。カンポスは大沢親分が「ポンカス」と呼んだ。
福岡ソフトバンクホークス	ミッチェル(95)	次点ゴセージ(90)	初打席で満塁ホームラン打ったあとは無断帰国など勝手をし尽くし、あきらめた頃帰ってきて「またやり直そう」というミッチェル。小悪魔系女子かよ！
千葉ロッテマリーンズ	マドロック(88)	次点ローズ(03)	大物大リーガー、マドロックも、来日したのが40歳近い年齢では力も発揮できず。今も川崎球場周辺には「マドロック立入禁止」の落書きが残る川崎市民の敵。急に日本球界復帰を目指したローズは「やっぱ無理」と帰国。期待させるな！
東北楽天イーグルス	マネー(84)	次点デイモン(05)	日生球場の便所があまりに汚いので帰国したマネー。気持ちは解らないでもないが…。デイモンは悪魔にすらなれない人畜無害な成績だった。
埼玉西武ライオンズ	ハワード(72)	次点トレンティーノ(93)	太平洋が社運を賭けて招聘したバリバリの大リーガー、ハワードは開幕で故障して帰国…。トレンティーノは試合中に風呂に入って森監督が激怒。
オリックスバファローズ	バンプ(83)	次点お金ちゃん(08)	お父さんが大リーグの大物というだけでいばっていたバンプ。やった仕事は余興で馬と競走したくらい。お金ちゃんは、ホークスではパウエルという名前らしい。

セ・リーグ

読売巨人軍　ルイス（97）　次点ミセリ（05）

「台湾のイチロー」という触れ込みのルイスは攻守走全てダメという逆イチロー。ミセリは浅草観光に来ただけ。

中日ドラゴンズ　ディスティファーノ（90）　次点リナレス（01）

オープン戦から乱闘、自分に関係ない乱闘で退場。暴れるだけ暴れて帰国。リナレスは10年早く来日していれば…。

阪神タイガース　グリーンウェル（97）　次点ジョーンズ（88）

3億円かけて呼んだ超大物は「神のお告げ」で夏前には引退…。ジョーンズはバースの代わりには荷が重すぎた。

広島東洋カープ　バークレオ（91）　次点ソリアーノ（97）

西武の余り物をあわよくば再生しようと思ったバークレオだが、吠え面をかかされただけ。ソリアーノは「いらん」と捨てたら一流大リーガーに変身…。

ヤクルトスワローズ　ペピトーン（73）　次点アイケルバーガー（89）

離婚問題で勝手に帰るわ、翌年も契約してたのに来日しないわ、サイテー外国人の代名詞！　アイケルは暴投以外の投球を観たことがなかった。

横浜ベイスターズ　ブレット（77）　次点レスカーノ（87）

「王殺しの弾丸投手」という触れ込みのブレッドは、弾丸のくせにめった打ちを喰らって帰国。レスカーノは「速球が怖くて…」と帰国。何しに来たの？

第四章

プロ野球
「情念の天敵対決」

Professional Baseball
Natural enemy confrontation of pathos

野球観の違いから生じたドロ沼感情
因縁渦巻く天敵たち

野球を愛するが故に生じてしまう監督や選手たちの軋轢。
尊敬していたはずの師を疎ましく思ってしまうほど、
彼らの関係には深い溝が刻まれてしまった。
因縁深き天敵となってしまった男たちの胸中は
どのようなものだったのか。

プロ野球「情念の天敵対決」

鶴岡との確執・「ささやき」攻防戦……

恩師も天敵に!? 野村克也の愛憎にまみれた野球人生

文・石埜三千穂

球界震撼! 野村解任事件から、すべてが始まった

自らを「月見草」と称した野村は、常に太陽たる存在を仮想敵に設定し、反骨心をエネルギーに闘ってきた。ただ、今日に繋がるそのイメージは、南海に在籍していた全盛期の時点では、十分に確立してはいなかったのである。もちろん、かの有名な「ささやき戦術」や、福本の盗塁対策にクイックモーションを考案するなど、知性派のいやらしい選手としてよく知られてはいた。だが、そのキャラクターに一種ダーティなイメージをともなうようになったのは、77年の南海解任事件からであろう。当時の野村は全盛期を過ぎていたとはいえ、まだまだプレイヤー兼監督としてチームの中核を担い、また、十分な結果を出していた。

より騒ぎを大きくしたのは、まずひとつに、野村によってリリーフエースとして再生していた江夏豊、期待の若手だった柏原純一ら、野村に心酔する者たちが野村に追随してチームを離れたこと。そしてもうひとつ、これが大きかったのだが……野村は、解任の記者会見で「鶴岡元老にぶっ飛ばされた」と言い放ったのである。

絶大な影響力を誇る「鶴岡派」に対し野村は……

鶴岡一人。プロ野球歴代の名将を何人か挙げろと言われたら、オールドファンなら必ずやその名を出してくるだろう。23年間にもわたって南海の監督を務め、その圧倒的な黄金時代を築いた伝説的な監督である。引退後も、Ｖ9巨人を率いた川上哲治と並ぶ二大巨頭として、球界に暗然たる影響力を持ち続けていた。

野村の師は誰かということになれば、これはもう、鶴岡以外にはあり得ない。名もないテスト生として南海の門戸を叩いた苦労人の野村を採用し、レギュラーに抜擢した大恩人でもある。さらには、球界で初めて専属スコアラーを雇い、打者の特徴に合わせて守備シフトを変える等の作戦を用いた、元祖データ野球の考案者でもあることを思えば、野村に与えた影響にははかりしれないものがあるだろう。

野村は、そんな恩師のことを悪しざまにいったのである。

しかし、背景は……あったのだ。球界全体に及ぶ「鶴岡派」の影響力は、当然、古巣である南海球団に対してもっとも強大に発揮される。恩は恩、影響は影響としてあるにしても、プレイング・マネージャーとしての立場を固めていく上で、それは少なからぬ障害になっていたものと想像される。間にひとり入ってはいるが、名うての名将からチームを引き継いだのである。プレッシャーもあったろうし、自分の色を出していく上での苦労もあったろう。

実際、解任事件での動きからもわかる通り、野村は自分の派閥を固めており、鶴岡派に対しては一定の距離を保っていたようだ。だが、距離を保っていたがゆえに、また、意識しすぎていたがゆえに、鶴岡の真意を見誤ってしまったのかもしれない。いずれにせよ、野村の発言を聞いた鶴岡は激怒し、以後、長きにわたって二人の間の確執が囁かれることになる。

そして00年3月、鶴岡が没した際、野村は葬儀に出席せず、花輪も贈らなかった。口さがない人々は、当然のようにそれを確執の結果と見たが、対立を噂され、また、恩人に仇をなしてしまった立場からすれば、それは野村なりの遠慮だったのではないか、ともいわれている。

野村がヤクルトの監督として弱小チームを再生、優勝させた際、正力松太郎賞を受けている。その時の選考委員には、鶴岡一人がいた。関係は関係として、野村に対する師の評価は変わっていなかったようである。いっぽうの野村にしても、著書などで見る限り、鶴岡の全面的な影響は当然のこととして認めている。

師である鶴岡に匹敵する……とまではいわないまでも、名将としての揺るぎない地位を築いた現在、鶴岡を思う野村の心には、なにが去来するのだろう。その場の流れはあったにせよ、往時の野村の反乱は、出来のよすぎる親に対しての反抗期のようなものだったのではないだろうか。監督としての野村にとって、鶴岡は常に手本であると同時に、超えるべき壁として、今もなお、存在し続けているのかもしれない。

楽天監督4年目に1年契約で臨む。監督としての総決算、有終の美を期する野村監督に注目したい。

鶴岡一人 監督生涯成績
（46年グレートリング・47年～南海）

年	順位	勝利	敗戦	勝率
46	1位	65	38	.631
47	3位	59	55	.518
48	1位	87	49	.640
49	4位	67	67	.500
50	2位	66	49	.574
51	1位	72	24	.750
52	1位	76	44	.633
53	1位	71	48	.597
54	2位	91	49	.650
55	1位	99	41	.707
56	2位	96	52	.643
57	2位	78	53	.595
58	2位	77	48	.612
59	1位	88	42	.677
60	2位	78	52	.600
61	1位	85	49	.629
62	2位	73	57	.562
63	2位	85	61	.582
64	1位	84	63	.571
65	1位	88	49	.642
66	1位	79	51	.608
67	4位	64	66	.492
68	2位	79	51	.608
通算	―	1773	1140	.609

監督としての勝利数、勝率ともにプロ野球記録を保持。平均勝率6割超というのは、たとえば打者に置き換えるなら、生涯打率が4割前後というような、とてつもない数字である

犬猿の仲といわれた野村と今岡、本当の関係は？

06年、07年と低迷はしたが、驚異の１４７打点、首位打者と、03、05年の阪神優勝に大いに貢献した今岡は、しばしば「天才」と呼ばれるほどのバッターである。96年、ドラフト1位で阪神に入団したが、頭角を現すまでの道程は決して平坦ではなかった。

1年目で順調に一軍デビュー、2年目こそショートのレギュラーに定着し2割9分を打ったが、99年、野村監督就任。ここから今岡はおかしくなる。ガッツを表に出さない今岡を「やる気がない」と見た野村は、しばしばマスコミ相手のボヤきの対象に今岡を取り上げた。今岡のほうでも野村のやり方に納得いっていない部分があったのかどうか、そこはわからないが、野村が今岡を監督室に呼びつけ「気に入らないことがあればはっきりといえ。俺は好き嫌いで選手起用はしない」などと質問や説得をしたが、今岡は無反応だったという。

実際問題、気のない三振をしたり、悪球を打ったり、捕れそうな打球に飛びつこうとしない等、一見不可解な今岡のプレイスタイルは理論派の野村と相性がよいとは思えない。だが、「野村が今岡を干した」という定説が事実なのかといえば、それははなはだ疑問である。

野村就任時の99年、今岡は128試合に、3年目の01年にも123試合に出場している。00年こそ40試合に止まり長い二軍暮らしを経験したが、これは極度の不振に故障も重なったため。現実として、干したなどといえる扱いはしていない。

野村監督の3年間は、最下位を定位置とした阪神の長き暗黒時代の最終期である。今岡の不振期がこれと重なっている上、野村から星野へと政権交代した途端、チームがリーグ優勝するとともに今岡が大ブレイクしてしまったわけで、この強烈な印象が一部マスコミのミスリードもあって定着してしまった、というのがことの真相のようだ。

今岡が打点王を取った翌年の04年、野村を監督に迎えた楽天とのオープン戦を前に、今岡はこう語っている。「あの時はレギュラーじゃない。実績がなかったし、決して回り道ではなかった。モノの見方や考え方が変わったし、勉強になった」（ニッカンスポーツより）

今も楽天との交流戦があれば、かつての愛弟子である赤星ら同様、今岡も相手ベンチまで出向き、野村に挨拶する姿が見られる。とはいえ、やはり今岡は「ノムラの教えが通用しなかった名選手」として記憶に残ることになるのだろう。特に野村一流のマスコミを使ってのボヤキや叱咤は、今岡の心理状態にはあまり良い影響を与えなかったようだ。

いっぽうで、阪神時代の成績とあいまって、この件が野村の監督としての評判を落としている面があることを思えば、この勝負、痛み分けといったところだろうか。

今岡 誠 現役通算成績
（阪神　＊印は野村監督時代）

年	試合	打率	打点	本塁打
97	98	.250	20	2
98	133	.293	44	7
＊99	128	.252	39	6
＊00	40	.212	2	1
＊01	123	.268	40	4
02	122	.317	56	15
03	120	.340	72	12
04	138	.306	83	28
05	146	.279	147	29
06	59	.221	29	7
07	85	.279	24	4
08	55	172	29	7
通算	1247	.281	585	122

不思議な打者だ。高打率を続けたかと思えば、翌年は低打率なのに驚異の高打点。07年の前半戦も3割キープしつつ打点が極少で二軍落ちという、それはそれで異常な結果を残した

野村のささやき戦術が通じなかった男たち

選手時代の野村のキャラクターを決定付けていたのが、かの有名な「ささやき戦術」だろう。バッターボックスに立った打者にボソボソと話しかけて動揺を誘うという、卑怯といえばそれまでの身も蓋もない作戦だ。話しかける内容は「あれ？　なんかグリップの位置、前より低くないか？」といった技術的なものから、「おまえ、あの店のユミって女に手を出したんだって？」といったプライバシー暴露系まで。まさに手段を選ばないといった感じだが、そのためにちゃんと下調べまでしていたというのだから恐れ入る。効果は素人が考える以上のもので、対抗するため耳栓をつけて打席に立った選手もいたという。それほどまでに恐れられていたのだ。

ところが、この作戦がまったく通じない選手もいたらしい。それが野村の手だとわかっていれば無視するのはあたりまえだし、しっかり集中していればそうそう惑わされるものではないだろう（王貞治が代表的だったようだ）。しかしエピソードとして有名なのは、なんといっても長嶋茂雄との駆け引きだ。この人は生来の天真爛漫な性格で、プライバシーを突けば普通に雑談として話に乗ってきてしまうし、反対にどうでもいい話を向こうから振ってくるわ、それではと技術面の話で揺さぶりをかければ、大真面目で参考にして修正してしまうわと、さすがの野村もお手上げだったらしい。

いっぽうで、野村のそんなせせこましいやり口を歯牙にもかけぬ、いやそれどころか、怒りをあらわにする豪傑たちもいた。典型例が、東映フライヤーズでともに活躍したこの二人、強面のご意見番として今もなお血気盛んな張本勲と、豪快なホームランが魅力だった故・大杉勝男である。この二人にかかるとさしもの野村のささやき戦術もかたなし。ジロリと正面切って睨まれるくらいならまだしも、大杉からは「うるさい！」「黙れ！」と一喝され、張本に至っては、空振りついでにバットでヘルメットをどついてきたことさえあったという。以降野村は、張本に対してだけは決してささやき戦術をしかけなかったともいう。

しかも二人が二人とも、並の選手ではない。大杉は腕っぷしが強いことでも知られ、デッドボールを与えた自軍投手に詰め寄ってきたシピンを一発で殴り倒すなど、乱闘における名場面にはことかかない。反面、親分肌の素朴な性格で慕われており、野村にとってはずいぶんやりにくい相手だったことだろう。

いっぽうの張本はといえば、これまたケンカっ早いことで有名だった。プロレスラーとケンカしたという武勇

張本 勲 現役生涯成績（59年～72年東映、73年日拓、74・75年日ハム、76年～79年巨人、80・81年ロッテ）

	試合	打率	打点	本塁打
通算	2752	.319	1676	504

大杉勝男 現役生涯成績（65年～72年東映、73年日拓、74年日ハム、75年～83年ヤクルト）

	試合	打率	打点	本塁打
通算	2235	.287	1507	486

伝を持ち、タクシー運転手とのトラブルでは、止めに入った他人を含む３人を殴って現行犯逮捕されたこともある。理性派の野村にとって、この二人はまさに天敵であった。

プロ野球「情念の天敵対決」

新庄の引退宣言・西武黄金時代の亀裂……

選手と監督… 信頼関係を築くべき間柄の確執とは

文・天六二郎

センスがないから引退……宣言の裏に監督との確執

新庄剛志はスーパースターであった。と同時に、プロ野球史上に残る変わり者の選手でもあった。その印象を決定付けたのが、95年の「引退宣言」である。

12月19日。新庄は、記者たちを前にして「センスがないので引退します」と、突然の引退を発表したのである。当時から派手な服装や突拍子もない言動で、明らかに変わり者扱いされていた新庄の気まぐれだと、誰もが思った。だがこの引退宣言は、当時の監督である鬼平こと藤田平との確執が原因だった。

最初の事件は、95年7月23日の鳴尾浜で起きた。試合中に負傷して二軍行きを命じられた新庄が、練習にいきなりの遅刻。当時、一軍の監督代行も務めていた二軍監督の藤田が怒りを露わにして、新庄に正座をさせたのである。さらに、故障中の新庄にアメリカンノックを命じた。新庄が正座している無様な写真は、翌日の紙面で大きく扱われ、翌日から正式に一軍監督に就任した藤田が、一軍に戻った新庄を優遇することはなかった。そして二人の間にできた溝は埋まることがないまま迎えたシーズン終了後。右肘や右足などの治療に専念したかった新庄に、藤田監督が四国黒潮リーグへの出場を命じたことで、亀裂は決定的なものとなったという。12月5日に行われた、最初の契約交渉の席で、新庄は首脳陣に対する不満をブチまけ、引退を覚悟のトレード要求。主張が認められなかった二度目の交渉日である19日に、記者たちの前で引退を発表したのである。

この引退騒動は、わずか2日後の21日に新庄が契約を結んだことで、突然終幕を迎える。病気の父親にユニフォーム姿を見せたいという、いささか子供じみた理由だった。

新庄の父親である英敏氏の著書によると、新庄が口にした引退理由は、おそらく藤田の顔に泥を塗りたくなかったのではないかという趣旨の言葉を残している。しかし、新庄と藤田の両人が、事件後に詳細をほとんど語っていないため、真相は今も明らかではない。ただ、この騒動をきっかけに大リーグ行きを決意し、やがて北海道に舞い戻り、多くの観客を酔わせたスターの新庄を、阪神が失ったことだけは間違いない。

禁酒の命令に抵抗してお茶のふりしてビール

「黒い霧事件」によって始まった低迷を抜け出せず、3度にわたる球団身売りを経験した万年Bクラスの西武ライオンズに、再び栄光をもたらしたのが、広岡達朗監督。しかしこの広岡、徹底した「管理野球」の推進者で、野武士軍団の面影をまだ残している選手たちとの相性は、完全に水と油だった。

多くの選手が広岡の管理主義に反発していたが、中でも最悪の関係だったといわれているのが、東尾修。西鉄時代に入団し、弱小時代を腕一本で支え続けたエースのプライドと他人を省みない性格は、監督・選手の双方に気を遣っていたという森ヘッドコーチの存在もクッションにならず、反骨心剥き出しで広岡に噛みついた。派手な遊びぶりが伝説として残っているような選手が、あまりに厳格な規律を要求し、肉食や牛乳などを始めとした食事制限まで行うような監督と、そりが合わないのは誰の目にも明白だった。キャンプ中での禁酒を命じられた際、やかんに入れたビールを湯呑に注ぎ、お茶に見せかけて飲むといった反抗的な行動など、ことあるごとに広岡への対決姿勢を隠さなかった。広岡も、そんな東尾に対する小言や嫌味が増えていったのは言うまでもない。野球への取り組み方、マウンドにおける態度、グラウンド外での言動に対してまで記者の前で名指しして苦言を呈するなど、やがて二人は、シーズン中でさえ公然と非難し合う関係になっていた。互いに吠え合う、まさしく犬猿の仲である。後年、東尾は「完全に選手を統括しておかないと気が済まなかった」「全て自分の考えに全選手をあてはめて従わせようとする」と、広岡の姿勢に対する嫌悪感を明らかにしている。

優勝を重ねても思い通りにチームを運営できず、業を煮やした広岡は、東尾のトレードをオーナーに要求するなど支配力を強めようとしたものの、結局は追われる形で西武を去ることになる。広岡退任を伝えられた時に、西武の選手たちは一斉に歓声をあげたというほどの嫌われようだった。その際、東尾も大きな声を上げたに違いない。

その後、後任の森監督の黄金時代を経て、東尾は監督に就任。球団での覇権争いは、東尾に軍配が上がったのだが、東尾もまた、監督としては伊東など特定の選手とは良好な関係を築けなかっ

藤田 平 監督通算成績
（阪神）

	試合	勝利	敗戦	勝率
通算	170	65	105	.382

シーズン途中で退団した中村勝広の後任として95年7月に阪神監督に就任。翌96年も引き続き阪神を率いたが2年連続で最下位に

新庄剛志 現役通算成績
（阪神～メッツ～ジャイアンツ[MLB]～メッツ～日ハム）

	試合	打率	打点	本塁打
通算	1714	.252	816	225

日米いずれも、打率が.250付近に収束するがチャンスに強い典型的な記憶に残るタイプ。足、守備は超一流と多くの同業者が認める

広岡達朗 監督通算成績
（ヤクルト～西武）

	試合	勝利	敗戦	勝率
通算	966	498	406	.551

当時いずれも下位に低迷していたヤクルトと西武を率い、それぞれの球団を優勝に導いた名将。8年間でリーグ優勝4度、日本一3度

東尾 修 現役通算成績
（西鉄～太平洋～クラウン～西武）

	試合	勝利	敗戦	防御率
通算	697	251	247	3.50

内角を突く強気の投球で、与死球の日本記録を持つ。弱小ライオンズ時代の過剰なまでの登板もあり通算敗戦も200を越えている

た。一方の広岡はＧＭとして入ったロッテでも、バレンタイン監督や主力選手と衝突するなど相変わらずの確執人生。結局、衝突の原因は、両者が互いに持っていたということなのだろう。

プロ野球「情念の天敵対決」

トラ信者の標的にされた他球団ファンや選手たち

阪神ファンが起こした暴動の記録！

文・木崎貴史

あとひとつ勝てば優勝……それがこんな大騒動に！
1973年10月22日　阪神対巨人戦（甲子園）世紀の大暴動

73年のシーズン終盤、優勝争いでもっとも有利な位置にいたのは阪神だった。他球団の勝敗にかかわらず、あとひとつ勝てば優勝だったのである。当時、中日に在籍していた星野仙一投手も、阪神に勝たせたいと思って手抜きの投球をしたという逸話が残っている。だが、それでも阪神はあとひとつが勝てなかった。

そうして決戦は甲子園の阪神・巨人直接対決に持ち越された。狙ったかのような最高のクライマックスである。3つのうちひとつ勝てば優勝決定。その相手が巨人となれば、阪神ファンにとってこれ以上オイシイ酒の肴はない……はずだった。

阪神はホームの甲子園で見事に3連敗を喫し、まさかの巨人V9が決まってしまったのだ。優勝を見に来たはずの阪神ファンが黙っているわけがない。いきり立ってグラウンドになだれ込み、収拾のつかない状態に。ある者は鬼の形相で長嶋や王を追いかけまわし、またある者はふがいない自チームの選手を取り囲み……まさに地獄絵図と化したのである。

阪神優勝の記憶に汚点……後味の悪いファンの暴挙
2003年6月11日　中日対阪神戦（岐阜・長良川球場）異臭騒ぎ事件

試合終了後、両チームのファン数十人が小競り合い。その際に催涙スプレーが投げ込まれるという前代未聞の事件だ。

試合は、この年の勢いそのままに7対2で阪神が勝利。それで気をよくした阪神ファンが、中日ファンを挑発して乱闘に発展したようである。

この騒ぎで救急車11台、消防車25台が出動。29人が病院に運び込まれている。その多くは当日、球場で働いていたアルバイトスタッフだという。とんだとばっちりである。

試合前から挑発されりゃ誰だってぶちキレるよ！

1984年8月15日　巨人対阪神戦（後楽園）レジー・スミス暴行事件

メジャー通算314本塁打を誇る長距離砲として、巨人入りしたレジー・スミス。初年度の83年は、故障の影響で欠場も多かったが、勝負強いバッティングでクリーンアップの一角を占めた。ときには、4番を打つこともあった。

しかし、翌年の84年は、彼にとって試練の年だった。クロマティや吉村にポジションを奪われてしまい、引退を考えるようになっていた。後に、スミスは「もっと早く日本に来て、現役バリバリのプレーを見てほしかった」と語っている。イライラもたまっていたはずだ。

この日の試合前、スミスは数十人の阪神ファンに取り囲まれ、罵声を浴びせられる。人種差別的な発言があった上に息子のレジー・ジュニアまでもが暴行を受けそうになり、ついにキレた。ファン数人に対して暴行を働いたことで警察署に連行。後日、書類送検された。事情が事情だけに、幸いにも起訴猶予となったが、非常に後味の悪い事件だった。

なお、この日の試合では、阪神ファンの陣取るレフトスタンドに仕返しとばかりにスリーランを叩き込んでいる。
スミスはこの事件のあった1984年で現役を引退している。

大敗に怒れるファンたち、ぶつける相手が違うぜ！

2001年3月30日　巨人対阪神戦（東京ドーム）フライ捕球妨害事件

01年の公式戦開幕ゲームは、いきなりの伝統の一戦。しかし、巨人ファンでも思わずあくびが出てしまいそうな試合だった。すでに序盤から勝負は決し、結果は17対3で巨人の勝利だった。

面白くないレフトのファンは、その鬱憤を巨人の選手にぶつけ始める。清水が捕球態勢に入るとメガホンを放り込んで妨害。場内はブーイングで騒然とする。しかも、メガホンの数は次々に増えていき、試合はたびたび中断された。

強くなってからも阪神ファンのメガホン投げ込みはたびたび起こっている。

インタビュー　**プロ野球「情念の天敵対決」**

もし、大阪に生まれていたら阪神ファンじゃなかったかもしれない

熱狂的阪神ファン
松村邦洋・タイガースを語りまくる！

インタビュー・櫻井オーストラリア

阪神ファンは関西のおばちゃんノリなのかも

――阪神ファンの天敵というと巨人ファンってイメージなんですが、ファン同士の競り合いとかはないんですか？

「球場とか居酒屋で実際に会うと不思議と仲良かったりしますけどね（笑）。相手はヤクルトですが、ヤクルトファンの出川さんとダンカンさんと神宮球場に行った時、前のほうの席で殴り合いの大喧嘩が始まっちゃって、風向きがこっちに回ってきちゃったらどうしよう、ってことはあったなあ」

――神宮の阪神ファンは過激ですね！　ダンカンさんといえば中野猛虎会の会長さんですけど、よく集まってらっしゃるんですか？　上島竜兵さんとか、実はあまり阪神

に詳しくないとか……

「上島さん、冗談で『どうなんだよ?』とか言ってたら最近来ないですよ（笑）」

——阪神ファンとして「どうなんだ?」という人はいますか？　あまり選手に詳しくないとか、暴れたいだけとか……

「いや、阪神ファンはみんなカンペキです（断言）。熱いし!……まあ、みんな自分のことを監督だと思っている節はどうかと思いますが。それで、けっこう情が厚いですよね。先日、濱中（治）が放出された時も『なんやあのトレードは!　ハマちゃんを戻せ!』なんてね。吉竹（春樹）さんに『西武なんか行くな』とか池田（親興）さんとかがトレードに出された時もそうだったなあ。『チカ、帰ってこーい』って。直前までは『あいつはトレードや!』なんて言ってたのに、いざ、本当に出る段になると泣いたりして。すごく愛情溢れる感じでね」

——ツンデレですね（笑）。悪態はつくけど本当は好き!　みたいな

「タイガースのファンっていうのは交流戦を見ると思うんだけど、ロッテとの試合だったら平下（晃司）選手を応援する、みたいに、阪神にちょっとでも在籍した選手を愛情をもって応援しますよね。日ハムだったらもちろん新庄（剛志）に坪井、西武だったら、お、平尾（博嗣）がんばれよー!　それを一番感じたのは八木（裕）さんの引退試合のとき、『ジャイアンツの代打、野村』ってアナウンスがあって。一瞬、ざわめ

きがあったんだけど『野村って誰?……あっカツノリやー!』って気がついたとたんに大声援ですよ。カツノリ選手も『あれ、俺、どこの球団にいるんだろう』と思ったらしいです。例えば巨人ファンの人がロッテの試合を見にいって、山本功児さんが出てきても、あれ? って感じじゃないですか。ホークスの試合で出口さんが出てきても、あーいたいた! くらいでしょう。ほんのちょっとしかいなかった選手でも『あ、見たことあるで!』って、いい意味で関西のおばちゃんがマイナーな芸能人を見かけたみたいなノリですよ」

――急いで選手名鑑を開いて確認したりして(笑)

甲子園を目指す球児は必ず阪神ファンになる!?

――松村さんって、そもそも山口のご出身ですよね。文化圏的には周りはカープファンが多かったと思いますが

「僕なんかが小学校の頃はカープも強かった時代だけに、いちばん多かったですね。広島はまた、応援も元気がいい人が多くて……僕が広島市民球場に連れて行ってもらったときも、大下(剛史)さんが三塁コーチかなんかやってたら、スタンドから『大下、おまえがまわさんからじゃ、コラァ』なんて怒声が飛んでいて……広島ファンの野次

ってのがまた怖いんですよね。いま思えば、よくあの強面の大下コーチにツッこめるなあ、と。ぎろっと大下さん、こっち見るから、自分が睨まれてるみたいで震えたなあ」

――よりによって大下さんに（笑）

「いまでこそ市民球場にも阪神ファンは増えたけど、あの頃は一塁側の内野席にちょっと阪神ファンがいて、あとは全部広島ファンでしたからねえ。阪神の指定席も全部広島。腹が減ったからうどんでも食おうと思ったら"カープうどん"ですしね。阪神ファンは内野で肩寄せ合って『山崎のパン屋〜！』とか野次っているしかない」

――学校なんかでもカープファンばかり？

「カープは地元の選手を多く獲ってましたから、多かったですね。新日鐵光とか社会人の強豪チームがありましたし。津田（恒美）さんなんかは地元なもので僕も応援してましたね。右のオーバースローなんて、もし阪神に入ってくれたらもっと堂々と応援できたんですが。今も山口出身と聞いただけで応援したくなります。やっぱり地元選手の活躍はどの球団であろうと嬉しいですよ。ただ、周りに阪神ファンは少なかった気がしますけども、もし大阪に生まれていたら、僕は阪神ファンにはなっていなかったと思います。けっこう天の邪鬼なもので（笑）。でも、同級生なんかでもあの頃広島、広島って言ってた奴に限って、今は阪神ファンになってるんですよ！　あれだけ阪神をバカにしてた奴らが、わざわざ安芸キャンプへ見に行ったりしてるんですもんね。その友達、硬式野球やってたんですが、みんな、甲子園を目指した瞬間に阪神ファンになるんだって言ってました。じゃあ高校球児ってみんな阪神ファンってことになるから、全員阪神に入っちゃえばいいのにって思いますけどね（笑）」

球界にはびこる格差社会を崩してくれるのは……

『野村さんが監督の時には6位で『これ以上下がらんから気楽じゃ（野村監督のモノマネで）』なんてやってたけど、上にも行かないんだから、5位になるのがどれほど大変だったか！　今シーズン（08年）は新井（貴浩）さんが来たわけですけど、ＡＫＩ（新井・金本・今岡）砲ってのはちょっと面白いですね。キャンプ地の安芸にかけてるみたいで。新井選手も、普通、怖い先輩のいるところは避けたいと思うものだけど、わざわざ来てくれるっていうのは、何か言われても言われてもほんとうに好きなんでしょうね（笑）」

――憎き巨人と似てきたような……

「うーん、最近はメジャー人気もあるし、伝統の巨人阪神、って雰囲気でもなくなってしまいましたね。それよりパ・リーグが面白い、みたいな（笑）。そのパ・リーグの頑張ってる選手をセ・リーグが引き抜いてる感じがするのはなあ。あと、ヤクルトの4番とエースを巨人が引き抜いちゃったり。岡田監督は『東にムチャクチャな球団がおる！』って怒ってらっしゃったんだけど、でも、広島からみて東の球団も……って。でも、巨人からみて『東のムチャクチャな球団』ってヤンキースになる……ある意味東へ東へみたいな（笑）。格差社会を感じますよね。今年のキャンプでヤクルトの宮本慎也さんに会ったんだけど、小早川さんが開幕巨人戦、ホームラン3連発打った試合を再現するって燃えてましたよ。夜6時くらいまで打ち込んでて、若手選手が帰れなくなってましたもん。阪神ファンというより、野球ファンとしては、戦力的に苦境に立たされている下位チームの頑張りは心を打ちますよね。高田繁監督も期すものがあるみたいだったし、今年のヤクルトは意外と怖いと思いますよ」

あいつは使える。日本の文化をよくわかっとる！

――キャンプなどもよく見にいかれているようですが、選手達と交流があったりするんですか？

「球場やキャンプに行くとやっぱり声をかけて頂けますね。前に檜山（進次郎）選手が僕のお腹を触ったあとにホームランを打ったことがあって、それを聞きつけたアリアスが試合前に触りに来たんですね。そしたらその試合散々だったらしくて、次の日会ったら『NO!』って言われました。他の外人選手にも『あいつのお腹は触るな』って忠告してましたよ。

今年のキャンプではブルペンで見てたら金村（暁）さんの球を野口（寿浩）さんが受けてたんで『いいですねー、今年は日ハムバッテリーでどうですか？』って声をかけたら野口さんが『今日、矢野さんと一緒のタクシーで帰るんだから勘弁してよ』って（笑）。ブルペンを見てるとどこの球団も優勝できると思ってしまいますね。

正田樹投手もすごくよかった。高い位置から腕がぎゅーんとしなってね。元々新人王投手なわけだし、もう一皮むけたらかなりの戦力になるなぁ、と思いました。現地では僕も東京マラソンに出る練習でウォーキングしてたんですけど、その道すがらのお店に大きな人たちが集まってるな、と思ったら投手陣が集まって飲み会をしていました。ちょっと僕も顔出させてもらったんですけれど、新外国人のアッチソンが礼儀正しくお酌をしてたりしてね。それを見た下柳（剛）さんが『あいつは使えるな、日本の文化をわかってる』なんてうなずいていたりして……そんな風に人間関係をつくりあげていくんだなあ、と。先発投手は勝利のかかった大事なボールを信頼してリリーフに託すわけですものね。中日の宿舎のホテルまで歩いたんですけど、小雨が降ってるなか夜7時に、新井選手の弟が練習から帰ってきました。普段は9時過ぎまで練習しているみたいで……そういった投手の球の勢いとか、選手たちの人間関係とか、練習量とか、実際に見てみないとわからないですね。新聞を読んでいても何だか学校の授業を受けてるみたいで、すぐ内容を忘れちゃいますよ」

※このインタビューは07年シーズンオフの時期におこなったものです。

プロ野球「情念の天敵対決」

最愛の天敵を求め球界にも変化の兆し

野球史を支えてきたライバルという名のドラマ

文・稲見純也

もっと熱いライバル対決を求めて

「ライバル」（rival）の語源は、「川」（river）である。「湯水のように使う」などという言い回しがあるのは日本だけで、西洋では細々と流れる一本の小川も貴重な水源だった。その小川の水を、命をかけて争う者たちのことを、ライバルと呼んだのだという。

そんな必死の争いだからこそ、「ライバル」同士の闘いにはドラマが生まれ、観る者を熱狂させて感動を呼ぶのだ。

しかし、である。日本のプロ野球は、このように胸を熱くしてくれる「ライバル対決」に、本当に満ち溢れていると言えるだろうか。

たとえば大相撲なら、栃錦と初代若乃花、柏戸と大鵬、北の富士と玉の海、輪島と北の湖、最近では貴乃花と曙、朝青龍と白鵬…と、レベルの高いライバル関係を挙げるとキリがない。アメリカのメジャーリーグでも、ヤンキースとレッドソックスなどが、常にライバル球団としてハイレベルな争いを繰り広げている。

だが、少なくともここ20~30年の日本プロ野球界では、これらに匹敵するようなライバルが浮かんでこない。

もちろん、この本に紹介されているような数々のライバル関係、天敵対決が、プロ野球の歴史を彩ってきた。だが、全てのプロ野球ファンがそろって胸を熱くするような、最高の実力と人気を持つスター同士のライバル対決があったかというと…「もの足りない」といわざるを得ない。考えてもみて欲しい。星飛雄馬と花形満のようなライバル対決が、本当にプロ野球にあっただろうか?

プロ野球が不幸にも名ライバル対決を多く生み出せなかった原因は、極めて単純である。人気や戦力が巨人に極端に集中してきたことと、セ・パの2リーグに分裂していることだ。

プロ野球において代表的なライバル関係といえば、「王と長嶋」「巨人と阪神」「桑田と清原」…といった組み合わせが挙げられるかもしれない。だが、巨人にスター選手が集中し、王と長嶋という2大スターも、対決関係ではなく同じチームの3番と4番になってしまった。阪神の低迷もあって、最近の30年間、巨人と阪神が最終成績でセ・リーグの1位と2位になったことは、ただの一度もない。2リーグ制のせいで、桑田と清原の真剣勝負も、あまり観ることはできなかった。

最近のいわゆる「球界再編騒動」によって、セ・パ交流戦が実現し、人気や戦力の一極集中も解消傾向にある。ならばと、胸躍るようなライバル対決が、もうすぐプロ野球でも実現しそうに思われるかも知れない。しかし、せっかくのこの流れも、ここ数年の有力選手のメジャーリーグ流出が阻んでしまった。イチローと松坂大輔の対決は、アメリカにあっさり奪われてしまったのである。

人気低下や赤字にあえぐ日本球界に比べ、メジャーリーグの資本力は圧倒的だ。国際化の流れもあり、スター選手のメジャー流出を防ぐことは、当面難しい。胸躍るライバル対決を欲する我々プロ野球ファンは、どうすれば良いだろう…。

だが考えてみれば、野球をはじめチームスポーツにおいては、個人と個人より、チームとチームがライバル関係になることが、世界的に普通である。かつてアメリカの『スポーツ・イラストレイテッド』誌が「スポーツ界の4大ライバル」として挙げたのも、1ヤンキースとレッドソックス、2オハイオ州立大とミシガン大（大学アメフト）、3レイカーズとセルティックス（NBA）、4レンジャーズとセルティック（サッカーのスコットランドリーグ）と、全てチームとチームであった。

他にも、ラグビーなら早慶戦や早明戦。サッカーならインテルとACミラン（イタリア・セリエA）や、日本と韓国の代表戦。「ライバル関係」と聞いて咄嗟に思い浮かべるのは、チームとチームの関係であることが多い。

ならば、日本プロ野球も、もっとチーム対チームのライバル関係を鮮明に打ち出すべきだ。阪神と巨人だけでなく、北海道日本ハムと東北楽天の「北国ダービー」や、福岡ソフトバンクと広島の「西国ダービー」を、もっともっと大袈裟に盛り上げてはどうか。さらにいえば、メジャーリーグを日本のライバルと煽ってみるのも面白い。第1回WBCで勝ったのは日本なのだから、それくらい言ってもバチは当たるまい。松井秀喜を奪われた巨人が、ヤンキースをライバルだと公言して敵意をムキ出しにすれば良いのだ。

そのために必要なのは、地域密着とメディア戦略だろう。だが何より、既得権益に固執することなく、ファンが欲するコンテンツを作り上げようと努力すれば、自ずと面白いライバル対決が実現していくはずなのだ。

08年から、Jリーグのオールスターゲームが、これまでの東西対抗から日韓対抗に変更される。飽きられてきたオールスターゲームを、ファンが熱くなれる日韓ライバル対決に変更するよう、スポンサー企業が強く望んだ結果である。今やセ・パ交流戦が実現した日本プロ野球も、セ・パ対抗という無意味なオールスターをやめて、日韓（さらには台湾）のスターたちで戦わせ、ライバル対決を煽るべきであろう。

しかし、その一方で、個性的でバラエティに富む「個人と個人」のライバル対決も、やっぱり観たい。ドロドロとした個人対個人の対抗心、恨み、妬み、憎しみ…からくる激しい火花は対戦を盛り上げるし、ライバル同士が切磋琢磨してこそ実力も上がるのだ。「ライバルは自分自身です」などとインタビューに答える優等生など、ツマラナイことこの上ない。

田中将大と斎藤佑樹、佐藤由規と中田翔――こうした若きライバルたちが、しのぎを削って成長していくことは、野球ファンにとっては最大の楽しみといえる。

彼らが対決する舞台は、海の向こうになってしまうかもしれない。今の時代なら、星飛雄馬が花形満に「大リーグボール」を投げるのは、本当に大リーグの試合なのである。だが、たとえそうだとしても、我々は「ライバルの熱い戦い」を求め、海を越えてでも彼らを追いかけることだろう。

筆者紹介

櫻井オーストラリア　さくらい・おーすとらりあ
山口 卓　やまぐち・たかし
木崎貴史　きざき・たかふみ
鈴木良治　すずき・りょうじ
天六二郎　あまろく・じろう
美山和也　みやま・かずや
石埜三千穂　いしの・みちほ
稲見純也　いなみ・じゅんや
サンカンオー　さんかんおー
熊谷充晃　くまがい・みつあき
高野成光　たかの・なりみつ
鈴木長月　すずき・ちょうげつ
綿舐直樹　わたなめ・なおき

本書は２００８年４月に小社より刊行した
別冊宝島１５１７号『プロ野球「情念の天敵対決」』を
改訂し、文庫化したものです。

宝島
SUGOI
文庫

プロ野球「情念の天敵対決」
（ぷろやきゅう「じょうねんのてんてきたいけつ」）

2009年3月19日　第1刷発行

編　者　別冊宝島編集部
発行人　蓮見清一
発行所　株式会社 宝島社
〒102-8388　東京都千代田区一番町25番地
電話：営業 03(3234)4621／編集 03(3239)5746
振替：00170-1-170829（株）宝島社
印刷・製本　中央精版印刷株式会社

乱丁・落丁本はお取り替えいたします

First published 2008 by Takarajimasha, Inc.
ISBN 978-4-7966-6993-1